「平和宣言」全文を読む

―ヒロシマの祈り

早稲田大学出版部 編

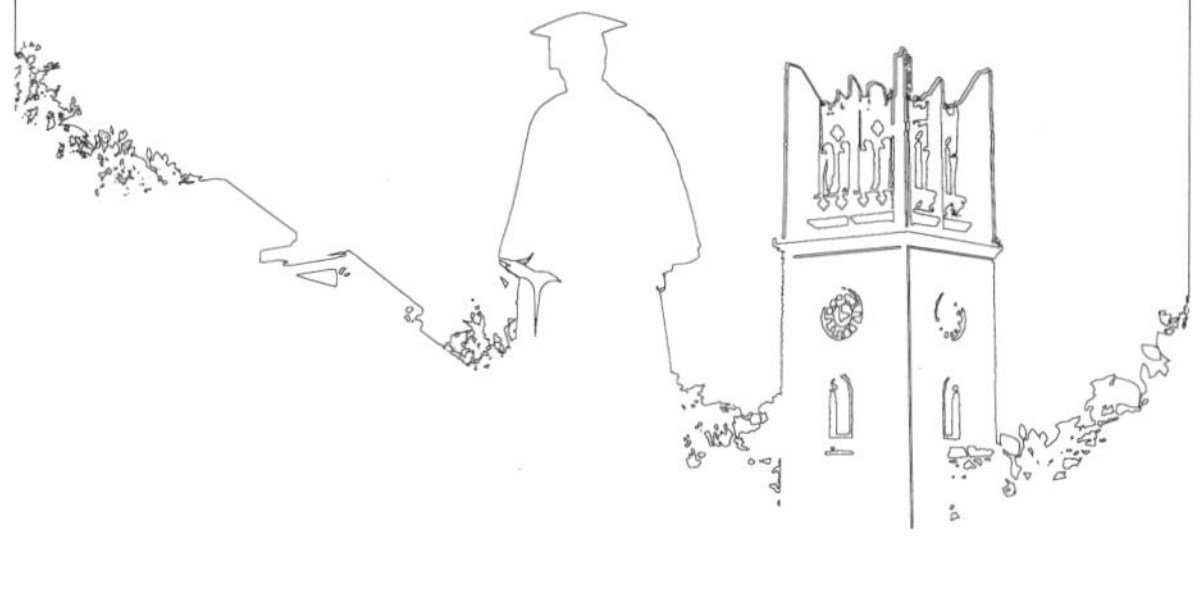

早稲田新書
010

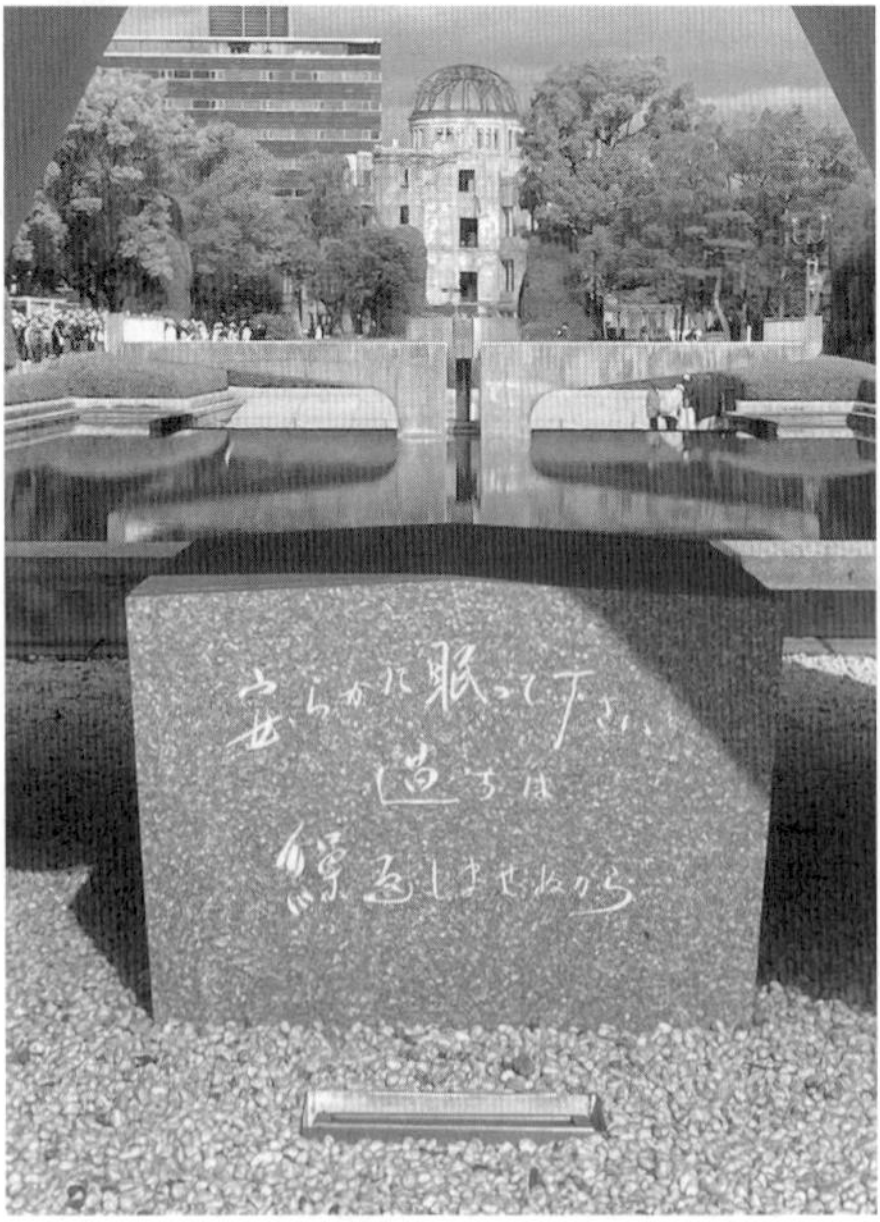

広島市の平和記念公園

まえがき

広島大学平和センター長兼教授　**川野徳幸**

ヒロシマへ全世界の関心が向けられる日が年に一度だけあります。米国により日本が唯一の「戦争被爆国」になった8月6日の「原爆の日」です。

1945年のその日、核兵器攻撃の爆風、熱線、放射線で女性、子ども、老人らが犠牲になりました。武器を持たない市民を標的にした原爆投下は、非人道性と残虐性から「国際法違反」の烙印を押されてきました。

8月6日に広島市長が発表する「平和宣言」は、放射線障害に今も苦しむ被爆者の切実な声が土台になっています。核兵器の存在により絶滅の淵に立たされた人類が、進むべき道はどこか。「核兵器廃絶」「世界平和」「戦争放棄」以外に残された道はない――。被爆者はそう訴えてきました。

広島市長が「平和宣言」を読み上げる式典会場の中心には「過ちは繰返しませぬから」の言葉が刻まれた原爆死没者慰霊碑があります。言葉は被爆者の、広島市民の、そして広島市長の願いです。

全世界が関心をヒロシマへ向けるなか、果たして日本社会全体は広島へ関心を向けているでしょうか。21世紀に入るとヒロシマと世界の距離が縮まる一方、広島と日本の距離は広がりました。核兵器を法的に禁じる「核兵器禁止条約」が国連で採択され、「核兵器廃絶国際キャンペーン（ＩＣＡＮ）」がノーベル平和賞を受賞した２０１７年以降、その傾向は強まっています。条約は21年1月に発効しました。

「核兵器禁止条約」は被爆者の求めてきたものと一致します。日本が米国の「核の傘（核抑止力）」の下にあることから、日本政府は「核兵器禁止条約」を無視する態度を取り続けています。被爆者の存在をないがしろにしているわけです。

重要な平和の担い手は、政府や外交官から都市や非政府組織（ＮＧＯ）、市民へ移りました。ＩＣＡＮのノーベル平和賞受賞はそれを証明しました。市民が主体となる市民社会は世界で成熟期を迎えています。

被爆国の日本が、成熟する世界の市民社会から取り残されていいはずはありません。被爆地は被爆国を動かさなければなりません。

核軍縮を進めるために、核保有国と非保有国の「橋渡し役」を果たすと言いながら、具体的な行動を起こそうとしない日本政府。これに対し、松井一實市長は２０１７年の「平和宣言」から「核兵器禁止条約」の締結手続きを取るよう、日本政府に求めています。

広島市の爆心地を選挙区にする衆議院議員の岸田文雄氏が２０２１年10月４日、首相に就きました。夜の就任記者会見で強調したのはこうです。

「核兵器のない世界に向けて核兵器禁止条約、これは大変重要な条約だと思います。核兵器のない世界を目指す際の出口に当たる大変重要な条約だと思いますが、ただ、残念ながら核兵器国は一国たりともこの核禁条約、これには参加していない状況です。ぜひ、唯一の戦争被爆国として、核兵器国、米国を始めとする核兵器国を、この核兵器のない世界の出口に向けて引っ張っていく、こういった役割をわが国はしっかり果たさなければいけない、こういったことを強く思っています」

具体的な行動計画は聞かれませんでした。世界の共通理念も新首相からは伝わってきませんでした。

被爆地ヒロシマは、被爆国ニッポンを動かさなければなりません。「平和宣言」はそのための直訴状です。

課題があります。米国の「核の傘」に守られる安全保障政策の見直しがあります。国是である「核兵器を持たず、作らず、持ち込ませず」の非核三原則の順守と「持ち込まさず」の検証体制があります。日本国憲法における自衛隊と自衛権の位置づけがあります。核保有国である隣国の中国、ロシア、北朝鮮との関係改善もあります。それらすべてを政府や外交官に委ねることはできません。市民一人ひとりが考えて行動するしかありません。スウェーデンの環境活動家グレタ・トゥンベリさんが地球温暖化対策を求め、たった一人で国会議事堂前に座り込んだようにです。

広島市には抗議の座り込みについて長い歴史があります。1957年、イギリスの水爆実験に抗議する被爆者4人が平和記念公園の原爆死没者慰霊碑前で座り込みました。これを機に核実験に対する抗議の座り込みが続きます。73年8月にはフランスの核実験に対し、山田節男市長が座り込みました。

「平和宣言」を全文通読することにより、核廃絶に向けたヒロシマの決意と行動、文化と思想が深く理解できるはずです。それらは内外の情勢の影響を受け、時代ごとに変化してきました。

平和行政、平和研究、平和教育が置く力点も不変ではありません。「広島の平和観」をテーマに元ゼミ生・松浦陽子氏らと調査した共同研究（松浦陽子・佐藤健一・川野徳幸「広島の平和観―平和宣言を通して―」（『広島平和科学』35・2013年）によれば、「平和宣言」で使われた頻出重要語の上位は「世界」「核兵器」「平和」「核」「人類」「広島」「戦争」「廃絶」「ヒロシマ」「原爆」などでした。ヒロシマの平和観はこれら重要語を中心にして成り立っています。さらに重要語は時代とともに変わるもの（可変）、変わらないもの（不変）に分類することができました。

注目されるのは「平和を推進する要因」と考えられてきた重要語の「国家」「国際」「連帯」の使用が1990年を境に減少したことです。代わりに「都市」「市長」「会議」の重要語が増加し続けています。すでに述べたように、これは平和の担い手が都市やNGO、市民へ移っていることの証左です。

「核兵器」「核」「廃絶」も可変の重要語です。「核兵器なき世界」の言葉が浸透した1980年代以降、多用され、すでに恒常的になっています。

歴代市長の平和宣言の特徴については、ファン・デル・ドゥース・ルリ氏と筆者による論文「「ひろしま」アイデンティティの変遷―平和宣言日英比較1947-2018 実証研究から―」

（『広島平和科学』40・2018年）で考察しています。参照してください。

現在存命する歴代広島市長3氏について触れたいと思います。

最初に現職の松井一實氏（2011年4月～）についてです。

筆者は、2018年より広島市の委嘱を受けて、「平和宣言に関する懇談会」のメンバーとして平和宣言の作成に携わっています。そこでの議論については、守秘義務があるため明らかにすることはできません。それとは別に、松井氏の平和宣言を一市民の立場からみると、世界の市民社会との連帯・連携、平和文化の振興、普遍的な世界平和への思いが強く盛り込まれているように思われます。「核兵器禁止条約」に対しても、自身の思いを、自身の言葉で徐々に発信するようになった感があります。当初は、「核兵器禁止条約」の締結については、被爆者の願いであるといった表現から、ヒロシマの思い、そして自身の思いであるという言い方に変遷しています。官僚から政治家へ、そしてヒロシマを代表する、あるいは代弁する「ヒロシマの市長」へと変わった気がします。こうした変化は、松井市長の平和宣言を熟読してもらえれば分かります。今後の松井氏の平和宣言、そして平和行政に期待する理由です。

次に秋葉忠利氏（1999年2月～2011年4月の市長在任）です。

秋葉前市長とは、市長退任後に弊センターの特任教授に就いたのを機に、親しい交流が始まりました。二人で打ち合わせをした際に、「なぜ、四選を目指さなかったのですか」と尋ねたところ、「それは、湯崎英彦知事という若い人が出てきて、世代交代を肌で感じたからだ」という答えが返ってきました。それが記憶に残っています。米国での長い教育・研究活動の経験を有し、「アキバ・プロジェクト」を運営し、その後、国会議員を経て、英語が流ちょうな国際派の政治家として広島市長に就きました。広島出身でないことは、秋葉氏にとって、重荷だったに違いありません。同時に、「広島」を「ヒロシマ」として世界に向けて発信する責務を必要以上に感じていたように思われます。それが「平和首長会議」などにおける活動の原動力となったのかもしれません。「国際平和文化都市ヒロシマ」を強く意識した市長だったと言えるでしょう。

最後に平岡敬氏（１９９１年2月~99年2月の市長在任）についてです。

平岡元市長は平和宣言の中で初めて、先の大戦における日本の加害（者）責任に言及した市長です。韓国人被爆者に対する思い入れは特別でした。それは平岡氏の出自にもよります。青年期までを朝鮮半島で過ごしました。１９６５年の日韓基本条約で国交が回復すると、直ちに韓国に出向きます。その後、韓国の被爆者調査に没頭します（当時は中国新聞記者）。筆者は韓国人被爆者調査に繰り返し同行し、聞き取りをさせてもらいました。旧ソ連の核実験場であったカザフスタン・セミパラチンスク被災者の実態調査にも一緒に出掛けました。「被爆者」と「被曝者」の用語の峻別に疑問を呈していました。原爆の被爆者のみが「被爆者」ではないという考えがあったからです。平岡氏のアジア諸国との協調・平和に対する考えは、平和宣言の随所にみられます。日本の加害者責任を痛感し、アジア諸国との平和を重視した市長であり、それを反映した平和宣言を発信した人です。原爆投下に対する米国の謝罪に対してもこだわりを持った人です。

市長退任後には、原発を容認した市長時代の姿勢をしきりに反省しています。反省はそれだけではありません。国際司法裁判所で１９９５年11月、「特に原爆により非業の死を遂げた多くの死者たち（中略）に代わって、核兵器の持つ残虐性、非人道性について証言いたします」と発言したことについてもです。「非業の死を遂げた人たちは米国を憎んで死んだのではないか」の言葉を何度も聞かされました。

平和宣言は、世界市民社会の成熟に合わせて変化します。時の国際情勢を反映した内容になります。しかしながら、そこに通底するものは「核なき世界」「絶対不戦」「被爆者援護」です。それに、市長それぞれの主義、主張、思い、信条などが盛り込まれ、ヒロシマの考える平和を世界に発信するのです。

「平和宣言」を通読するたびに一つの感慨にとらわれます。

「平和宣言」をしない8月6日は来るのかと。

核が世界中から廃絶されれば「原爆の日」は「核廃絶の日」に取って代わられるでしょう。それで「平和」が来たと本当に言えるでしょうか。

先に挙げた現市長の松井、前市長の秋葉、元市長の平岡の3氏に共通していることがあります。核廃絶後の平和の在り方を深く考えてきたことです。核廃絶はゴールです。しかし、最終のゴールではありません。最終のゴールは、誰もが豊かに暮らせる平和な世界です。

被爆者の平均年齢は84歳（2021年3月末現在）です。被爆当時、わずか8歳です。被爆の実相を記憶する作業は戦後世代に委ねられつつあります。被爆者が一人もいなくならないうちに「核廃絶の日」を実現しなければなりません。そして「核廃絶の日」を「平和の日」に変える必要があります。それこそが「過ちは繰返しませぬから」と誓った原爆死没者慰霊碑の言葉の意味だと思うからです。

目次

第1章
平和宣言

松井一實市長
（2021〜2011年）

「平和宣言」を読む松井氏（2020年８月６日＝広島市提供）

令和3（2021）年　通算74回目

76年前の今日、我が故郷は、一発の原子爆弾によって一瞬で焦土と化し、罪のない多くの人々に惨《むご》たらしい死をもたらしただけでなく、辛うじて生き延びた人々も、放射線障害や健康不安、さらには生活苦など、その生涯に渡って心身に深い傷を残しました。被爆後に女の子を生んだ被爆者は、「原爆の恐ろしさが分かってくると、その影響を思い、我が身よりも子どもへの思いがいっぱいで、悩み、心の苦しみへと変わっていく。娘の将来のことを考えると、一層苦しみが増し、夜も眠れない日が続いた。」と語ります。

「こんな思いは他の誰にもさせてはならない」、これは思い出したくもない辛《つら》く悲惨な体験をした被爆者が、放射線を浴びた自身の身体《からだ》の今後や子どもの将来のことを考えざるを得ず、不安や葛藤、苦悩から逃れられなくなった挙句《あげく》に発した願いの言葉です。被爆者は、自らの体験を語り、核兵器の恐ろしさや非人道性を伝えるとともに、他人を思いやる気持ちを持って、平和への願いを発信してきました。こうした被爆者の願いや行動が、75年という歳月を経て、ついに国際社会を動かし、今年1月22日、核兵器禁止条約の発効という形で結実しました。これからは、各国為政者がこの条約を支持し、それに基づき、核の脅威のない持続可能な社会の実現を目指すべきではないでしょうか。

今、新型コロナウイルスが世界中に蔓延《まんえん》し、人類への脅威となっており、世界各国は、それを早期に終息させる方向で一致し、対策を講じています。その世界各国が、戦争に勝利するために開発され、人類に凄惨《せいさん》な結末をもたらす脅威となってしまった核兵器を、一致協力して廃絶できないはずはありません。持続可能な社会の実現のためには、人々を無差別に殺害する核兵器との共存はあり得ず、完全なる撤廃に向けて人類の英知を結集する必要があります。

核兵器廃絶の道のりは決して平坦ではありませんが、被爆者の願いを引き継いだ若者が行動し始めていることは未来に向けた希望の光です。あの日、地獄を見たと語る被爆者は、「たとえ小さなことからでも、一人一人が平和のためにできることを行い、かけがえのない平和を守り続けてもらいたい。」と、未来を担う若者に願いを託します。これからの若い人にお願いしたいことは、身の回りの大切な人が豊かで健やかな人生を送るためには、核兵器はあってはならないという信念を持ち、それをしっかりと発信し続けることです。

若い人を中心とするこうした行動は、必ずや各国の為政者に核抑止政策の転換を決意させるための原動力になることを忘れてはいけません。被爆から3年後の広島を訪れ、復興を目指す市民を勇気づけたヘレン・ケラーさんは、「一人でできることは多くないが、皆一緒にやれば多くのことを成し遂げられる。」という言葉で、個々の力の結集が、世界を動かす原動力となり得ることを示しています。為政者を選ぶ側の市民社会に平和を享受するための共通の価値観が生まれ、人間の暴力性を象徴する核兵器はいらないという声が市民社会の総意となれば、核のない世界に向けての歩みは確実なものになっていきます。被爆地広島は、引き続き、被爆の実相を「守り」、国境を越えて「広め」、次世代に「伝える」ための活動を不断に行い、世界の165か国・地域の8,000を超える平和首長会議の加盟都市と共に、世界中で平和への思いを共有するための文化、「平和文化」を振興し、為政者の政策転換を促す環境づくりを進めていきます。

核軍縮議論の停滞により、核兵器を巡る世界情勢が混迷の様相を呈する中で、各国の為政者に強く求めたいことがあります。それは、他国を脅すのではなく思いやり、長期的な友好関係を作り上げることが、自国の利益につながるという人類の経験を理解し、核により相手を威嚇し、自分を守る発想から、対話を通じた信頼関係をもとに安全を保障し合う発想へと転換するということです。そのためにも、被爆地を訪れ、被爆の実相を深く理解していただいた上で、核兵器不拡散条約に義務づけられた核軍縮を誠実に履行するとともに、核兵器禁止条約を有効に機能させるための議論に加わっていただきたい。

日本政府には、被爆者の思いを誠実に受け止めて、一刻も早く核兵器禁止条約の締約国となるとともに、これから開催される第1回締約国会議に参加し、各国の信頼回復と核兵器に頼らない安全保障への道筋を描ける環境を生み出すなど、核保有国と非核保有国の橋渡し役をしっかりと果たしていただきたい。また、平均年齢が84歳近くとなった被爆者を始め、心身に悪影響を及ぼす放射線により、生活面で様々な苦しみを抱える多くの人々の苦悩に寄り添い、黒い雨体験者を早急に救済するとともに、被爆者支援策の更なる充実を強く求めます。

本日、被爆76周年の平和記念式典に当たり、原爆犠牲者の御霊《みたま》に心から哀悼の誠を捧《ささ》げるとともに、核兵器廃絶とその先にある世界恒久平和の実現に向け、被爆地長崎、そして思いを同じくする世界の人々と手を取り合い、共に力を尽くすことを誓います。

（ルビは原文ママに加え、難読語等に振りました。以下同じ）

＊

〈広島市コメント〉核兵器禁止条約に基づき、核の脅威のない持続可能な社会の実現を目指すべきであることを訴える／核兵器の完全なる撤廃に向け、人類の英知を結集する必要があることを訴えるとともに、未来を担う若者に行動を求める／核兵器はいらないという声が市民社会の総意となるよう、「平和文化」を振興し、為政者の政策転換を促す環境づくりを進めていくことを宣言する／各国の為政者に向けて、対話を通じた信頼関係をもとに安全を保障し合う発想への転換を求める／日本政府に対して、核兵器禁止条約の締約国となるとともに、第1回

締約国会議に参加し、核保有国と非核保有国の橋渡し役をしっかりと果たすことと、黒い雨体験者を早急に救済することを要請

〈中国新聞8月7日付朝刊一面の見出し〉核廃絶 社会の総意に／被爆76年式典 広島平和宣言／禁止条約 国は批准を

令和2（2020）年 通算73回目

1945年8月6日、広島は一発の原子爆弾により破壊し尽くされ、「75年間は草木も生えぬ」と言われました。しかし広島は今、復興を遂げて、世界中から多くの人々が訪れる平和を象徴する都市になっています。

今、私たちは、新型コロナウイルスという人類に対する新たな脅威に立ち向かい、踠《もが》いていますが、この脅威は、悲惨な過去の経験を反面教師にすることで乗り越えられるのではないでしょうか。

およそ100年前に流行したスペイン風邪は、第一次世界大戦中で敵対する国家間での「連帯」が叶《かな》わなかったため、数千万人の犠牲者を出し、世界中を恐怖に陥《おとしい》れました。その後、国家主義の台頭もあって、第二次世界大戦へと突入し、原爆投下へと繋がりました。

こうした過去の苦い経験を決して繰り返してはなりません。そのために、私たち市民社会は、自国第一主義に拠ることなく、「連帯」して脅威に立ち向かわなければなりません。

原爆投下の翌日、「橋の上にはズラリと負傷した人や既に息の絶えている多くの被災者が横たわっていた。大半が火傷で、皮膚が垂れ下がっていた。『水をくれ、水をくれ』と多くの人が水を求めていた。」という惨状を体験し、「自分のこと、あるいは自国のことばかり考えるから争いになるのです。」という当時13歳であった男性の訴え。

昨年11月、被爆地を訪れ、「思い出し、ともに歩み、守る。この三つは倫理的命令です。」と発信されたローマ教皇の力強いメッセージ。

そして、国連難民高等弁務官として、難民対策に情熱を注がれた緒方貞子氏の「大切なのは苦しむ人々の命を救うこと。自分の国だけの平和はありえない。世界はつながっているのだから。」という実体験からの言葉。

これらの言葉は、人類の脅威に対しては、悲惨な過去を繰り返さないように「連帯」して立ち向かうべきであることを示唆しています。

今の広島があるのは、私たちの先人が互いを思いやり、「連帯」して苦難に立ち向かった成果です。実際、平和記念資料館を訪れた海外の方々から「自分たちのこととして悲劇について学んだ。」、「人類の未来のための教訓だ。」という声も寄せられる中、これからの広島は、世界中の人々が核兵器廃絶と世界恒久平和の実現に向けて「連帯」することを市民社会の総意にしていく責務があると考えます。

ところで、国連に目を向けてみると、50年前に制定されたNPT（核兵器不拡散条約）と、3年前に成立した核兵器禁止条約は、ともに核兵器廃絶に不可欠な条約であり、次世代に確実に「継続」すべき枠組みであるにもかかわらず、その動向が不透明となっています。世界の指導者は、今こそ、この枠組みを有効に機能させるための決意を固めるべきではないでしょうか。

そのために広島を訪れ、被爆の実相を深く理解されることを強く求めます。その上で、NPT再検討会議において、NPTで定められた核軍縮を誠実に交渉する義務を踏まえつつ、建設的対話を「継続」し、核兵器に頼らない安全保障体制の構築に向け、全力を尽くしていただきたい。

日本政府には、核保有国と非核保有国の橋渡し役をしっかりと果たすためにも、核兵器禁止条約への署名・批准を求める被爆者の思いを誠実に受け止めて同条約の締約国になり、唯一の戦争被爆国として、世界中の人々が被爆地ヒロシマの心に共感し「連帯」するよう訴えていただきたい。また、平均年齢が83歳を超えた被爆者を始め、心身に悪影響を及ぼす放射線により生活面で様々な苦しみを抱える多くの人々の苦悩に寄り添い、その支援策を充実するとともに、「黒い雨降雨地域」の拡大に向けた政治判断を、改めて強く求めます。

本日、被爆75周年の平和記念式典に当たり、原爆犠牲者の御霊《みたま》に心から哀悼の誠を捧《ささ》げるとともに、核兵器廃絶とその先にある世界恒久平和の実現に向け、被爆地長崎、そして思いを同じくする世界の人々と共に力を尽くすことを誓います。

＊

〈広島市コメント〉 新型コロナウイルス感染症という脅威を乗り越えるため、悲惨な過去の経験を反面教師にして、市民社会が「連帯」して立ち向かうことを促す／「連帯」の重要性を示唆する、被爆者、ローマ教皇、緒方貞子氏の言葉を引用／今の広島があるのは先人による「連帯」の成果であり、これからの広島は核兵器廃絶と世界恒久平和に向けた「連帯」を市民社会の総意にしていくと述べる／世界の為政者にＮＰＴと核兵器禁止条約を有効に機能させる決意を固めるよう要請／日本政府に対して、核兵器禁止条約の締約国になり、世界中の人々が「連帯」するよう訴えることと、「黒い雨降雨地域」の拡大に向けた政治判断を要請

〈中国新聞8月7日付朝刊一面の見出し〉 75年　非核の願い不変／広島平和宣言「市民や国家が連帯を」／禁止条約の批准迫る／コロナ禍　式典参列制限

令和元（２０１９）年　通算72回目

今世界では自国第一主義が台頭し、国家間の排他的、対立的な動きが緊張関係を高め、核兵器廃絶への動きも停滞しています。このような世界情勢を、皆さんはどう受け止めますか。二度の世界大戦を経験した私たちの先輩が、決して戦争を起こさない理想の世界を目指し、国際的な協調体制の構築を誓ったことを、私たちは今一度思い出し、人類の存続に向け、理想の世界を目指す必要があるのではないでしょうか。

特に、次代を担う戦争を知らない若い人にこのことを訴えたい。そして、そのためにも１９４５年８月６日を体験した被爆者の声を聴いてほしいのです。

当時５歳だった女性は、こんな歌を詠んでいます。

「おかっぱの頭《づ》から流るる血しぶきに　妹抱《いだ》きて母は阿修羅《あしゅら》に」

また、「男女の区別さえ出来ない人々が、衣類は焼けただれて裸同然。髪の毛も無く、目玉は飛び出て、唇も耳も引きちぎられたような人、顔面の皮膚も垂れ下がり、全身、血まみれの人、人。」という惨状を18歳で体験した男性は、「絶対にあのようなことを後世の人たちに体験させてはならない。私たちのこの苦痛は、もう私たちだけでよい。」と訴えています。

生き延びたものの心身に深刻な傷を負い続ける被爆者のこうした訴えが皆さんに届いていますか。

「一人の人間の力は小さく弱くても、一人一人が平和を望むことで、戦争を起こそうとする力を食い止めることができると信じています。」という当時15歳だった女性の信条を単なる願いに終わらせてよいのでしょうか。

世界に目を向けると、一人の力は小さくても、多くの人の力が結集すれば願いが実現するという事例がたくさんあります。インドの独立は、その事例の一つであり、独立に貢献したガンジーは辛《つら》く厳しい体験を経て、こんな言葉を残しています。

「不寛容はそれ自体が暴力の一形態であり、真の民主的精神の成長を妨げるものです。」

現状に背を向けることなく、平和で持続可能な世界を実現していくためには、私たち一人一人が立場や主張の違いを互いに乗り越え、理想を目指し共に努力するという「寛容」の心を持たなければなりません。

そのためには、未来を担う若い人たちが、原爆や戦争を単なる過去の出来事と捉えず、また、被爆者や平和な世界を目指す人たちの声や努力を自らのものとして、たゆむことなく前進していくことが重要となります。

そして、世界中の為政者は、市民社会が目指す理想に向けて、共に前進しなければなりません。そのためにも被爆地を訪れ、被爆者の声を聴き、平和記念資料館、追悼平和祈念館で犠牲者や遺族一人一人の人生に向き合っていただきたい。

また、かつて核競争が激化し緊張状態が高まった際に、米ソの両核大国の間で「理性」の発露と対話によって、核軍縮に舵《かじ》を切った勇気ある先輩がいたということを思い起こしていただきたい。

今、広島市は、約7，800の平和首長会議の加盟都市と一緒に、広く市民社会に「ヒロシマの心」を共有してもらうことにより、核廃絶に向かう為政者の行動を後押しする環境づくりに力を入れています。世界中の為政者には、核不拡散条約第6条に定められている核軍縮の誠実交渉義務を果たすとともに、核兵器のない世界への一里塚となる核兵器禁止条約の発効を求める市民社会の思いに応えていただきたい。

こうした中、日本政府には唯一の戦争被爆国として、核兵器禁止条約への署名・批准を求める被爆者の思いをしっかりと受け止めていただきたい。その上で、日本国憲法の平和主義を体現するためにも、核兵器のない世界の実現に更に一歩踏み込んでリーダーシップを発揮していただきたい。また、平均年齢が82歳を超えた被爆者を始め、心身に悪影響を及ぼす放射線により生活面で様々な苦しみを抱える多くの人々の苦悩に寄り添い、その支援策を充実するとともに、「黒い雨降雨地域」を拡大するよう強く求めます。

本日、被爆74周年の平和記念式典に当たり、原爆犠牲者の御霊《みたま》に心から哀悼の誠を捧《ささ》げるとともに、核兵器廃絶とその先にある世界恒久平和の実現に向け、被爆地長崎、そして思いを同じくする世界の人々と共に力を尽くすことを誓います。

＊

〈広島市コメント〉宣言の冒頭において、現下の世界情勢への受け止めを問い掛け、私たちの先輩が戦争を起こさない理想の世界を目指し国際的な協調体制を誓ったことを思い出すよう促す／被爆の実相を被爆者の言葉で伝えるため、２人の体験談を盛り込むことに加え、平和宣言として初めて被爆者が詠んだ短歌を引用する／被爆者の信条が実現した例として、インドの独立に貢献したガンジーを紹介し、平和で持続可能な世界を実現するためには、そのガンジーが言及している「寛容」の心が必要だと訴える／未来を担う若い人たちに対し、原爆や戦争を過去のことと捉えず、たゆむことなく前進するよう訴える／世界の為政者に向けて、市民社会が目指す理想に向けて共に前進するよう訴えるとともに、かつての米ソ間の「理性」と対話による核軍縮を想起するよう促す／日本政府に対して、核兵器禁止条約への署名・批准を求める被爆者の思いをしっかりと受け止めるよう求めるとともに、核兵器のない世界の実現に更に一歩踏み込んでリーダーシップを発揮するよう求める

〈中国新聞8月7日付朝刊一面の見出し〉核禁条約　批准求める／被爆74年　広島平和宣言に「被爆者の思い」／首

平成30（2018）年　通算71回目

73年前、今日と同じ月曜日の朝。広島には真夏の太陽が照りつけ、いつも通りの一日が始まろうとしていました。皆さん、あなたや大切な家族がそこにいたらと想像しながら聞いてください。8時15分、目もくらむ一瞬の閃光《せんこう》。摂氏100万度を超える火の球からの強烈な放射線と熱線、そして猛烈な爆風。立ち昇ったきのこ雲の下で何の罪もない多くの命が奪われ、街は破壊し尽くされました。「熱いよう！痛いよう！」潰《つぶ》れた家の下から母親に助けを求め叫ぶ子どもの声。「水を、水を下さい！」息絶え絶えの呻《うめ》き声、唸《うな》り声。人が焦げる臭気の中、赤い肉をむき出しにして亡霊のごとくさまよう人々。随所で降った黒い雨。脳裏に焼きついた地獄絵図と放射線障害は、生き延びた被爆者の心身を蝕《むしば》み続け、今なお苦悩の根源となっています。

世界にいまだ1万4千発を超える核兵器がある中、意図的であれ偶発的であれ、核兵器が炸裂《さくれつ》したあの日の広島の姿を再現させ、人々を苦難に陥れる可能性が高まっています。

被爆者の訴えは、核兵器の恐ろしさを熟知し、それを手にしたいという誘惑を断ち切るための警鐘です。年々被爆者の数が減少する中、その声に耳を傾けることが一層重要になっています。20歳だった被爆者は「核兵器が使われたなら、生あるもの全て死滅し、美しい地球は廃墟と化すでしょう。世界の指導者は被爆地に集い、その惨状に触れ、核兵器廃絶に向かう道筋だけでもつけてもらいたい。核廃絶ができるような万物の霊長たる人間であってほしい。」と訴え、命を大切にし、地球の破局を避けるため、為政者に対し「理性」と洞察力を持って核兵器廃絶に向かうよう求めています。

昨年、核兵器禁止条約の成立に貢献したＩＣＡＮがノーベル平和賞を受賞し、被爆者の思いが世界に広まりつつあります。その一方で、今世界では自国第一主義が台頭し、核兵器の近代化が進められるなど、各国間に東西冷戦期の緊張関係が再現しかねない状況にあります。

同じく20歳だった別の被爆者は訴えます。「あのような惨事が二度と世界に起こらないことを願う。過去の事だとして忘却や風化させてしまうことがあっては絶対にならない。人類の英知を傾けることで地球が平和に満ちた場所となることを切に願う。」人類は歴史を忘れ、あるいは直視することを止めたとき、再び重大な過ちを犯してしまいます。だからこそ私たちは「ヒロシマ」を「継続」して語り伝えなければなりません。核兵器の廃絶に向けた取組が、各国の為政者の「理性」に基づく行動によって「継続」するようにしなければなりません。

核抑止や核の傘という考え方は、核兵器の破壊力を誇示し、相手国に恐怖を与えることによって世界の秩序を維持しようとするものであり、長期にわたる世界の安全を保障するには、極めて不安定で危険極まりないものです。為政者は、このことを心に刻んだ上で、NPT（核不拡散条約）に義務づけられた核軍縮を誠実に履行し、さらに、核兵器禁止条約を核兵器のない世界への一里塚とするための取組を進めていただきたい。

私たち市民社会は、朝鮮半島の緊張緩和が今後も対話によって平和裏に進むことを心から希望しています。為政者が勇気を持って行動するために、市民社会は多様性を尊重しながら互いに信頼関係を醸成し、核兵器の廃絶を人類共通の価値観にしていかなければなりません。世界の7,600を超える都市で構成する平和首長会議は、そのための環境づくりに力を注ぎます。

日本政府には、核兵器禁止条約の発効に向けた流れの中で、日本国憲法が掲げる崇高な平和主義を体現するためにも、国際社会が核兵器のない世界の実現に向けた対話と協調を進めるよう、その役割を果たしていただきたい。また、平均年齢が82歳を超えた被爆者をはじめ、放射線の影響により心身に苦しみを抱える多くの人々の苦悩に寄り添い、その支援策を充実するとともに、「黒い雨降雨地域」を拡大するよう強く求めます。

本日、私たちは思いを新たに、原爆犠牲者の御霊《みたま》に衷心《ちゅうしん》より哀悼の誠を捧《ささ》げ、被爆地長崎、そして世界の人々と共に、核兵器廃絶と世界恒久平和の実現に向けて力を尽くすことを誓います。

＊

〈**広島市コメント**〉核兵器廃絶に取り組む原動力となる信念を固めるために必要な行動理念として「理性」と「継続」を提示し、関連する2人の被爆体験談を盛り込む／ＩＣＡＮがノーベル平和賞を受賞し、被爆者の思いが世界に広まりつつある一方で、世界では自国第一主義が台頭し、各国間に東西冷戦期の緊張関係が再現しかねない状況があると指摘する／人類が再び重大な過ちを犯さないために「ヒロシマ」を「継続」して語り伝え、核兵器の廃絶に向けた取組が、各国の為政者の「理性」に基づく行動によって「継続」するようにしなければならないと訴える／核抑止や核の傘という考え方は、極めて不安定で危険極まりないものであることを指摘した上で、為政者は、核軍縮を誠実に履行し、核兵器禁止条約を核兵器のない世界への一里塚とするための取組を進めるよう訴える／日本政府に対しても、同条約の発効に向けた流れの中で、国際社会が核兵器のない世界の実現に向けた対話と協調を進めるよう、その役割を果たすことを求める

〈**中国新聞8月7日付朝刊一面の見出し**〉核禁止「対話と協調を」／被爆73年 広島平和宣言 政府に役割要請／自国第一主義に警鐘

平成29（2017）年　通算70回目

皆さん、72年前の今日、8月6日8時15分、広島の空に「絶対悪」が放たれ、立ち昇ったきのこ雲の下で何が起こったかを思い浮かべてみませんか。鋭い閃光《せんこう》がピカーッと走り、凄まじい放射線と熱線。ドーンという地響きと爆風。真っ暗闇の後に現れた景色のそこかしこには、男女の区別もつかないほど黒く焼け焦げて散らばる多数の屍《しかばね》。その間をぬって、髪は縮れ真っ黒い顔をした人々が、焼けただれ裸同然で剝《は》がれた皮膚を垂らし、燃え広がる炎の中を水を求めてさまよう。目の前の川は死体で覆われ、河原は火傷《やけど》した半裸の人で足の踏み場もない。正に地獄です。「絶対悪」である原子爆弾は、きのこ雲の下で罪のない多くの人々に惨《むご》たらしい死をもたらしただけでなく、放射線障害や健康不安など心身に深い傷を残し、社会的な差別や偏見を生じさせ、辛うじて生き延びた人々の人生をも大きく歪めてしまいました。

このような地獄は、決して過去のものではありません。核兵器が存在し、その使用を仄《ほの》めかす為政者がいる限り、いつ何時、遭遇するかもしれないものであり、惨《むご》たらしい目に遭《あ》うのは、あなたかもしれません。

それ故、皆さんには是非とも、被爆者の声を聞いてもらいたいと思います。15歳だった被爆者は、「地獄図の中で亡くなっていった知人、友人のことを偲《しの》ぶと、今でも耐えられない気持ちになります。」と言います。そして、「一人一人が生かされていることの有難さを感じ、慈愛の心、尊敬の念を抱いて周りに接していくことが世界平和実現への一歩ではないでしょうか。」と私たちに問い掛けます。

また、17歳だった被爆者は、「地球が破滅しないよう、核保有国の指導者たちは、核抑止という概念にとらわれず、一刻も早く原水爆を廃絶し、後世の人たちにかけがえのない地球を残すよう誠心誠意努力してほしい。」と語っています。

皆さん、このような被爆者の体験に根差した「良心」への問い掛けと為政者に対する「誠実」な対応への要請を我々のものとし、世界の人々に広げ、そして次の世代に受け渡していこうではありませんか。

為政者の皆さんには、特に、互いに相違点を認め合い、その相違点を克服するための努力を「誠実」に行っていただきたい。また、そのためには、核兵器の非人道性についての認識を深めた上で、自国のことのみに専念して他国を無視することなく、共に生きるための世界をつくる責務があるということを自覚しておくことが重要です。

市民社会は、既に核兵器というものが自国の安全保障にとって何の役にも立たないということを知り尽くし、核を管理することの危うさに気付いてもいます。核兵器の使用は、一発の威力が72年前の数千倍にもなった今、敵対国のみならず自国をも含む全世界の人々を地獄へと突き落とす行為であり、人類として決して許されない行為です。そのような核兵器を保有することは、人類全体に危険を及ぼすための巨額な費用投入にすぎないと言って差し支えありません。

今や世界中からの訪問者が年間170万人を超える平和記念公園ですが、これからもできるだけ多くの人々が訪れ、被爆の実相を見て、被爆者の証言を聴いていただきたい。そして、きのこ雲の下で何が起こったかを知り、被爆者の核兵器廃絶への願いを受け止めた上で、世界中に「共感」の輪を広げていただきたい。特に、若い人たちには、広島を訪れ、非核大使として友情の輪を広げていただきたい。広島は、世界の人々がそのための交流をし、行動を始める場であり続けます。

その広島が会長都市となって世界の7，400を超える都市で構成する平和首長会議は、市民社会において世界中の為政者が、核兵器廃絶に向け、「良心」に基づき国家の枠を超えた「誠実」な対応を行えるような環境づくりを後押ししていきます。

今年7月、国連では、核保有国や核の傘の下にある国々を除く122か国の賛同を得て、核兵器禁止条約を採択し、核兵器廃絶に向かう明確な決意が示されました。こうした中、各国政府は、「核兵器のない世界」に向けた取組を更《さら》に前進させなければなりません。

特に、日本政府には、「日本国民は、国家の名誉にかけ、全力をあげてこの崇高な理想と目的を達成することを誓う。」と明記している日本国憲法が掲げる平和主義を体現するためにも、核兵器禁止条約の締結促進を目指して核保有国と非核保有国との橋渡しに本気で取り組んでいただきたい。また、平均年齢が81歳を超えた被爆者をはじめ、放射線の影響により心身に苦しみを抱える多くの人々に寄り添い、その支援策を一層充実するとともに、「黒い雨降雨地域」を拡大するよう強く求めます。

私たちは、原爆犠牲者の御霊《みたま》に心からの哀悼の誠を捧《ささ》げ、世界の人々と共に、「絶対悪」である核兵器の廃絶と世界恒久平和の実現に向けて力を尽くすことを誓います。

＊

〈広島市コメント〉核兵器廃絶に取り組む原動力となる信念を固めるために必要な行動理念として「良心」と「誠実」を提示し、関連する2人の被爆体験談を盛り込む／核兵器禁止条約が122か国の賛同を得て採択されたことに触れ、各国政府に「核兵器のない世界」に向けた取組の更なる前進を訴える／日本政府に対しても、同条約の締結促進を目指して核保有国と非核保有国との橋渡しに本気で取り組むことを求める／できるだけ多くの人々に広島を訪れ、被爆者の核兵器廃絶への願いを受け止め、世界中に「共感」の輪を広げること、特に、若い世代には、非核大使として友情の輪を広げることを呼び掛ける

〈中国新聞8月7日付朝刊一面の見出し〉核禁止条約 前進促す／被爆72年 広島平和宣言／首相「批准せず」明言

平成28（2016）年　通算69回目

1945年8月6日午前8時15分。澄みきった青空を切り裂き、かつて人類が経験したことのない「絶対悪」が広島に放たれ、一瞬のうちに街を焼き尽くしました。朝鮮半島や、中国、東南アジアの人々、米軍の捕虜などを含め、子どもからお年寄りまで罪もない人々を殺りくし、その年の暮れまでに14万もの尊い命を奪いました。

辛うじて生き延びた人々も、放射線の障害に苦しみ、就職や結婚の差別に遭《あ》い、心身に負った深い傷は今なお消えることがありません。破壊し尽くされた広島は美しく平和な街として生まれ変わりましたが、あの日、「絶対悪」に奪い去られた川辺の景色や暮らし、歴史と共に育まれた伝統文化は、二度と戻ることはないのです。

当時17歳の男性は「真っ黒の焼死体が道路を塞《ふさ》ぎ、異臭が鼻を衝《つ》き、見渡す限り火の海の広島は生き地獄でした。」と語ります。当時18歳の女性は「私は血だらけになり、周りには背中の皮膚が足まで垂れ下がった人や、水を求めて泣き叫ぶ人がいました。」と振り返ります。

あれから71年、依然として世界には、あの惨禍をもたらした原子爆弾の威力をはるかに上回り、地球そのものを破壊しかねない1万5千発を超える核兵器が存在します。核戦争や核爆発に至りかねない数多くの事件や事故が明らかになり、テロリストによる使用も懸念されています。

私たちは、この現実を前にしたとき、生き地獄だと語った男性の「これからの世界人類は、命を尊び平和で幸福な人生を送るため、皆で助け合っていきましょう。」という呼び掛け、そして、血だらけになった女性の「与えられた命を全うするため、次の世代の人々は、皆で核兵器はいらないと叫んでください。」との訴えを受け止め、更なる行動を起こさなければなりません。そして、多様な価値観を認め合いながら、「共に生きる」世界を目指し努力を重ねなければなりません。

今年5月、原爆投下国の現職大統領として初めて広島を訪問したオバマ大統領は、「私自身の国と同様、核を保有する国々は、恐怖の論理から逃れ、核兵器のない世界を追求する勇気を持たなければならない。」と訴えました。それは、被爆者の「こんな思いを他の誰にもさせてはならない」という心からの叫びを受け止め、今なお存在し続ける核兵器の廃絶に立ち向かう「情熱」を、米国をはじめ世界の人々に示すものでした。そして、あの「絶対悪」を許さないというヒロシマの思いがオバマ大統領に届いたことの証しでした。

今こそ、私たちは、非人道性の極みである「絶対悪」をこの世から消し去る道筋をつけるためにヒロシマの思いを基に、「情熱」を持って「連帯」し、行動を起こすべきではないでしょうか。今年、G7の外相が初めて広島に集い、核兵器を持つ国、持たない国という立場を超えて世界の為政者に広島・長崎訪問を呼び掛け、包括的核実験禁止条約の早期発効や核不拡散条約に基づく核軍縮交渉義務を果たすことを求める宣言を発表しました。これは、正に「連帯」に向けた一歩です。

為政者には、こうした「連帯」をより強固なものとし、信頼と対話による安全保障の仕組みづくりに、「情熱」を持って臨んでもらわなければなりません。そのため、各国の為政者に、改めて被爆地を訪問するよう要請します。その訪問は、オバマ大統領が広島で示したように、必ずや、被爆の実相を心に刻み、被爆者の痛みや悲しみを共有した上での決意表明につながるものと確信しています。

被爆者の平均年齢は80歳を超え、自らの体験を生の声で語る時間は少なくなっています。未来に向けて被爆者の思いや言葉を伝え、広めていくには、若い世代の皆さんの力も必要です。世界の7千を超える都市で構成する平和首長会議は、世界の各地域では20を超えるリーダー都市が、また、世界規模では広島・長崎が中心となって、若者の交流を促進します。そして、若い世代が核兵器廃絶に立ち向かうための思いを共有し、具体的な行動を開始できるようにしていきます。

この広島の地で「核兵器のない世界を必ず実現する」との決意を表明した安倍首相には、オバマ大統領と共にリーダーシップを発揮することを期待します。核兵器のない世界は、日本国憲法が掲げる崇高な平和主義を体現する世界でもあり、その実現を確実なものとするためには核兵器禁止の法的枠組みが不可欠となります。また、日本政府には、平均年齢が80歳を超えた被爆者をはじめ、放射線の影響により心身に苦しみを抱える多くの人々の苦悩に寄り添い、その支援策を充実するとともに、「黒い雨降雨地域」を拡大するよう強く求めます。

私たちは、本日、思いを新たに、原爆犠牲者の御霊《みたま》に心からの哀悼の誠を捧《ささ》げ、被爆地長崎と手を携え、世界の人々と共に、核兵器廃絶と世界恒久平和の実現に向けて力を尽くすことを誓います。

＊

〈広島市コメント〉 核兵器廃絶に取り組む原動力となる信念を固めるために必要な行動理念として「情熱」と「連帯」を提示し、関連する2人の被爆体験談を盛り込む／広島を訪問した米国のオバマ大統領の演説から「私自身の国と同様、核を保有する国々は、恐怖の論理から逃れ、核兵器のない世界を追求する勇気を持たなければならない。」との訴えを引用／各国の為政者に改めて被爆地訪問を要請するとともに、若い世代が行動を開始するための支援を表明／安倍首相に、オバマ大統領と共にリーダーシップを発揮することを期待／核兵器のない世界の実現には、核兵器禁止の法的枠組みが不可欠と指摘

〈中国新聞8月7日付朝刊一面の見出し〉 広島71年　世界に刻む／原爆の日／核なき世界へ連帯を／平和宣言　オバ

平成27（2015）年　通算68回目

私たちの故郷《ふるさと》には、温かい家族の暮らし、人情あふれる地域の絆、季節を彩る祭り、歴史に育まれた伝統文化や建物、子どもたちが遊ぶ川辺などがありました。1945年8月6日午前8時15分、そのすべてが一発の原子爆弾で破壊されました。きのこ雲の下には、抱き合う黒焦げの親子、無数の遺体が浮かぶ川、焼け崩れた建物。幾万という人々が炎に焼かれ、その年の暮れまでにかけがえのない14万もの命が奪われ、その中には朝鮮半島や、中国、東南アジアの人々、米軍の捕虜なども含まれていました。

辛うじて生き延びた人々も人生を大きく歪められ、深刻な心身の後遺症や差別・偏見に苦しめられてきました。生きるために盗みと喧嘩《けんか》を繰り返した子どもたち、幼くして原爆孤児となり今も一人で暮らす男性、被爆が分かり離婚させられた女性など――苦しみは続いたのです。

「広島をまどうてくれ！」これは、故郷《ふるさと》や家族、そして身も心も元通りにしてほしいという被爆者の悲痛な叫びです。

広島県物産陳列館として開館し１００年、被爆から70年。歴史の証人として、今も広島を見つめ続ける原爆ドームを前に、皆さんと共に、改めて原爆被害の実相を受け止め、被爆者の思いを噛みしめたいと思います。

しかし、世界には、いまだに１万５千発を超える核兵器が存在し、核保有国等の為政者は、自国中心的な考えに陥ったまま、核による威嚇にこだわる言動を繰り返しています。また、核戦争や核爆発に至りかねない数多くの事件や事故が明らかになり、テロリストによる使用も心配されています。

核兵器が存在する限り、いつ誰が被爆者になるか分かりません。ひとたび発生した被害は国境を越え無差別に広がります。世界中の皆さん、被爆者の言葉とヒロシマの心をしっかり受け止め、自らの問題として真剣に考えてください。

当時16歳の女性は「家族、友人、隣人などの和を膨らませ、大きな和に育てていくことが世界平和につながる。思いやり、やさしさ、連帯。理屈ではなく体で感じなければならない。」と訴えます。当時12歳の男性は「戦争は大人も子ども同じ悲惨を味わう。思いやり、いたわり、他人や自分を愛することが平和の原点だ。」と強調します。

辛《つら》く悲しい境遇の中で思い悩み、「憎しみ」や「拒絶」を乗り越え、紡ぎ出した悲痛なメッセージです。その心には、人類の未来を見据えた「人類愛」と「寛容」があります。

人間は、国籍や民族、宗教、言語などの違いを乗り越え、同じ地球に暮らし一度きりの人生を懸命に生きるのです。私たちは「共に生きる」ために、「非人道性の極み」、「絶対悪」である核兵器の廃絶を目指さなければなりません。そのための行動を始めるのは今です。既に若い人々による署名や投稿、行進など様々な取組も始まっています。共に大きなうねりを創りましょう。

被爆70年という節目の今年、被爆者の平均年齢は80歳を超えました。広島市は、被爆の実相を守り、世界中に広め、次世代に伝えるための取組を強化するとともに、加盟都市が6，700を超えた平和首長《しゅちょう》会議の会長として、2020年までの核兵器廃絶と核兵器禁止条約の交渉開始に向けた世界的な流れを加速させるために、強い決意を持って全力で取り組みます。

今、各国の為政者に求められているのは、「人類愛」と「寛容」を基にした国民の幸福の追求ではないでしょうか。為政者が顔を合わせ、対話を重ねることが核兵器廃絶への第一歩となります。そうして得られる信頼を基礎にした、武力に依存しない幅広い安全保障の仕組みを創り出していかなければなりません。その実現に忍耐強く取り組むことが重要であり、日本国憲法の平和主義が示す真の平和への道筋を世界へ広めることが求められます。

来年、日本の伊勢志摩で開催される主要国首脳会議、それに先立つ広島での外相会合は、核兵器廃絶に向けたメッセージを発信する絶好の機会です。オバマ大統領をはじめとする各国の為政者の皆さん、被爆地を訪れて、被爆者の思いを直接聴き、被爆の実相に触れてください。核兵器禁止条約を含む法的枠組みの議論を始めなければならないという確信につながるはずです。

日本政府には、核保有国と非核保有国の橋渡し役として、議論の開始を主導するよう期待するとともに、広島を議論と発信の場とすることを提案します。また、高齢となった被爆者をはじめ、今この時も放射線の影響に苦しんでいる多くの人々の苦悩に寄り添い、支援策を充実すること、とりわけ「黒い雨降雨地域」を拡大するよう強く求めます。

私たちは、原爆犠牲者の御霊《みたま》に心から哀悼の誠を捧《ささ》げるとともに、被爆者をはじめ先人が、これまで核兵器廃絶と広島の復興に生涯をかけ尽くしてきたことに感謝します。そして、世界の人々に対し、決意を新たに、共に核兵器廃絶と世界恒久平和の実現に向けて力を尽くすよう訴えます。

＊

〈広島市コメント〉 核兵器廃絶の取組への原動力となる信念を固めるために必要な行動理念として「人類愛」と「寛容」を提示し、関連する2人の被爆体験談を盛り込む／核兵器が存在する限り、いつ誰が被爆者になるか分からないとし、自らの問題として真剣に考えるように求める／各国の為政者に対し、武力に依存しない幅広い安全保障の仕組みの創出や被爆地訪問を求める／2020年までの核兵器廃絶と核兵器禁止条約の交渉開始に向けて取り組むことを誓うとともに、日本政府に対し、核保有国と非核保有国の橋渡し役として、議論の開始を主導することを期待し、広島を議論と発信の場とすることを提案

〈中国新聞8月7日付朝刊一面の見出し〉復興と鎮魂 70年の重み／原爆の日／広島平和宣言「今こそ行動を」／首相、非核三原則触れず

平成26（2014）年　通算67回目

被爆69年の夏。灼《や》けつく日差しは「あの日」に記憶の時間《とき》を引き戻します。1945年8月6日。一発の原爆により焦土と化した広島では、幼子《おさなご》からお年寄りまで一日で何万という罪なき市民の命が絶たれ、その年のうちに14万人が亡くなりました。尊い犠牲を忘れず、惨禍を繰り返さないために被爆者の声を聞いてください。

建物疎開作業で被爆し亡くなった少年少女は約6，000人。当時12歳の中学生は、「今も戦争、原爆の傷跡は私の心と体に残っています。同級生のほとんどが即死。生きたくても生きられなかった同級生を思い、自分だけが生き残った申し訳なさで張り裂けそうになります。」と語ります。辛うじて生き延びた被爆者も、今なお深刻な心身の傷に苦しんでいます。

「水を下さい。」瀕死の声が脳裏から消えないという当時15歳の中学生。建物疎開作業で被爆し、顔は焼けただれ、大きく腫れ上がり、眉毛《まゆげ》や睫毛《まつげ》は焼け、制服は熱線でぼろぼろとなった下級生の懇願に、「重傷者に水をやると死ぬぞ。」と止められ、「耳をふさぐ思いで水を飲ませなかったのです。死ぬと分かっていれば存分に飲ませてあげられたのに。」と悔やみ続けています。

あまりにも凄絶《せいぜつ》な体験ゆえに過去を多く語らなかった人々が、年老いた今、少しずつ話し始めています。「本当の戦争の残酷な姿を知ってほしい。」と訴える原爆孤児は、廃墟の街で、橋の下、ビルの焼け跡の隅、防空壕《ごう》などで着の身着のままで暮らし、食べるために盗みと喧嘩《けんか》を繰り返し、教育も受けられずヤクザな人々のもとで辛うじて食いつなぐ日々を過ごした子どもたちの暮らしを語ります。

また、被爆直後、生死の境をさまよい、その後も放射線による健康不安で苦悩した当時６歳の国民学校１年生は「若い人に将来二度と同じ体験をしてほしくない。」との思いから訴えます。海外の戦争犠牲者との交流を通じて感じた「若い人たちが世界に友人を作ること」「戦争文化ではなく、平和文化を作っていく努力を怠らないこと」の大切さを。

子どもたちから温かい家族の愛情や未来の夢を奪い、人生を大きく歪めた「絶対悪」をこの世からなくすためには、脅し脅され、殺し殺され、憎しみの連鎖を生み出す武力ではなく、国籍や人種、宗教などの違いを超え、人と人との繋がりを大切に、未来志向の対話ができる世界を築かなければなりません。

ヒロシマは、世界中の誰もがこのような被爆者の思いを受け止めて、核兵器廃絶と世界平和実現への道を共に歩むことを願っています。

人類の未来を決めるのは皆さん一人一人です。「あの日」の凄惨《せいさん》を極めた地獄や被爆者の人生を、もしも自分や家族の身に起きたらと、皆さん自身のこととして考えてみてください。ヒロシマ・ナガサキの悲劇を三度繰り返さないために、そして、核兵器もない、戦争もない平和な世界を築くために被爆者と共に伝え、考え、行動しましょう。

私たちも力を尽くします。加盟都市が6,200を超えた平和首長会議では世界各地に設けるリーダー都市を中心に国連やNGOなどと連携し、被爆の実相とヒロシマの願いを世界に拡げます。そして、現在の核兵器の非人道性に焦点を当て非合法化を求める動きを着実に進め、2020年までの核兵器廃絶を目指し核兵器禁止条約の交渉開始を求める国際世論を拡大します。

今年4月、NPDI（軍縮・不拡散イニシアティブ）広島外相会合は「広島宣言」で世界の為政者に広島・長崎訪問を呼び掛けました。その声に応え、オバマ大統領をはじめ核保有国の為政者の皆さんは、早期に被爆地を訪れ、自ら被爆の実相を確かめてください。そうすれば、必ず、核兵器は決して存在してはならない「絶対悪」であると確信できます。その「絶対悪」による非人道的な脅しで国を守ることを止め、信頼と対話による新たな安全保障の仕組みづくりに全力で取り組んでください。

唯一の被爆国である日本政府は、我が国を取り巻く安全保障環境が厳しさを増している今こそ、日本国憲法の崇高な平和主義のもとで69年間戦争をしなかった事実を重く受け止める必要があります。そして、今後も名実ともに平和国家の道を歩み続け、各国政府と共に新たな安全保障体制の構築に貢献するとともに、来年のＮＰＴ再検討会議に向け、核保有国と非核保有国の橋渡し役としてＮＰＴ体制を強化する役割を果たしてください。また、被爆者をはじめ放射線の影響に苦しみ続けている全ての人々に、これまで以上に寄り添い、温かい支援策を充実させるとともに、「黒い雨降雨地域」を拡大するよう求めます。

今日ここに、原爆犠牲者の御霊《みたま》に心から哀悼の誠を捧《ささ》げるとともに、「絶対悪」である核兵器の廃絶と世界恒久平和の実現に向け、世界の人々と共に力を尽くすことを誓います。

＊

〈広島市コメント〉４人の被爆者による被爆体験談を盛り込む／被爆者の体験やその後の人生を、自らのこととして考え、核兵器のない平和な世界を築くために被爆者と共に伝え、考え、行動するよう訴え／核兵器の非人道性に焦点を当て非合法化を進める動きを進め、核兵器禁止条約の交渉開始を求める国際世論を拡大することを誓う／核保有国の為政者に対し、被爆地訪問と信頼と対話による新たな安全保障の仕組みづくりを求める／日本政府に対し、日本国憲法の崇高な平和主義のもとで69年間戦争をしなかった事実を重く受け止める必要があるとし、名実ともに平和国家の道を歩み続けるよう求める

〈中国新聞8月7日付朝刊一面の見出し〉不戦69年 重み未来へ／原爆の日式典／広島市長宣言「平和国家の道を」／43年ぶりの雨

平成25（2013）年　通算66回目

「あの日」から68年目の朝が巡ってきました。1945年8月6日午前8時15分、一発の原子爆弾によりその全てを消し去られた家族がいます。「無事、男の子を出産して、家族みんなで祝っているちょうどその時、原爆が炸裂《さくれつ》。無情にも喜びと希望が、新しい『生命《いのち》』とともに一瞬にして消え去ってしまいました。」

幼くして家族を奪われ、辛うじて生き延びた原爆孤児がいます。苦難と孤独、病に耐えながら生き、生涯を通じ家族を持てず、孤老となった被爆者。「生きていてよかったと思うことは一度もな

かった。」と長年にわたる塗炭《とたん》の苦しみを振り返り、深い傷跡は今も消えることはありません。

生後８か月で被爆し、差別や偏見に苦しめられた女性もいます。その女性は結婚はしたものの１か月後、被爆者健康手帳を持っていることを知った途端、優しかった義母に「『あんたー、被爆しとるんねー、被爆した嫁はいらん、すぐ出て行けー。』と離婚させられました。」放射線の恐怖は、時に、人間の醜さや残忍さを引き出し、謂《いわ》れのない風評によって、結婚や就職、出産という人生の節目節目で、多くの被爆者を苦しめてきました。

無差別に罪もない多くの市民の命を奪い、人々の人生をも一変させ、また、終生にわたり心身を苛《さいな》み続ける原爆は、非人道兵器の極みであり「絶対悪」です。原爆の地獄を知る被爆者は、その「絶対悪」に挑んできています。

辛《つら》く厳しい境遇の中で、被爆者は、怒りや憎しみ、悲しみなど様々な感情と葛藤《かっとう》し続けてきました。後障害に苦しみ、「健康が欲しい。人並みの健康を下さい。」と何度も涙する中で、自らが悲惨な体験をしたからこそ、ほかの誰も「私のような残酷な目にあわせてはならない。」と考えるようになってきました。被爆当時14歳の男性は訴えます。「地球を愛し、人々を愛する気持ちを世界の人々が共有するならば戦争を避けることは決して夢ではない。」

被爆者は平均年齢が78歳を超えた今も、平和への思いを訴え続け、世界の人々が、その思いを共有し、進むべき道を正しく選択するよう願っています。私たちは苦しみや悲しみを乗り越えてきた多くの被爆者の願いに応え、核兵器廃絶に取り組むための原動力とならねばなりません。

そのために、広島市は、平和市長会議を構成する5，700を超える加盟都市とともに、国連や志を同じくするNGOなどと連携して、2020年までの核兵器廃絶をめざし、核兵器禁止条約の早期実現に全力を尽くします。

世界の為政者の皆さん、いつまで、疑心暗鬼に陥っているのですか。威嚇によって国の安全を守り続けることができると思っているのですか。広島を訪れ、被爆者の思いに接し、過去にとらわれず人類の未来を見据えて、信頼と対話に基づく安全保障体制への転換を決断すべきではないですか。ヒロシマは、日本国憲法が掲げる崇高な平和主義を体現する地であると同時に、人類の進むべき道を示す地でもあります。また、北東アジアの平和と安定を考えるとき、北朝鮮の非核化と北東アジアにおける非核兵器地帯の創設に向けた関係国の更なる努力が不可欠です。

今、核兵器の非人道性を踏まえ、その廃絶を訴える国が着実に増加してきています。また、米国のオバマ大統領は核兵器の追加削減交渉をロシアに呼び掛け、核軍縮の決意を表明しました。そうした中、日本政府が進めているインドとの原子力協定交渉は、良好な経済関係の構築に役立つとしても、核兵器を廃絶する上では障害となりかねません。ヒロシマは、日本政府が核兵器廃絶をめざす国々との連携を強化することを求めます。そして、来年春に広島で開催される「軍縮・不拡散イニシアティブ」外相会合においては、ＮＰＴ体制の堅持・強化を先導する役割を果たしていただきたい。また、国内外の被爆者の高齢化は着実に進んでいます。被爆者や黒い雨体験者の実態に応じた支援策の充実や「黒い雨降雨地域」の拡大を引き続き要請します。

この夏も、東日本では大震災や原発事故の影響に苦しみながら故郷の再生に向けた懸命な努力が続いています。復興の困難を知る広島市民は被災者の皆さんの思いに寄り添い、応援し続けます。そして、日本政府が国民の暮らしと安全を最優先にした責任あるエネルギー政策を早期に構築し、実行することを強く求めます。

私たちは、改めてここに68年間の先人の努力に思いを致し、「絶対悪」である核兵器の廃絶と平和な世界の実現に向け力を尽くすことを誓い、原爆犠牲者の御霊《みたま》に心から哀悼の誠を捧《ささ》げます。

＊

〈広島市コメント〉５人の被爆者による被爆体験談を盛り込む／被爆者の願いに応え、核兵器廃絶に取り組むための原動力となるよう訴え／世界の為政者に対し、広島訪問と信頼と対話に基づく安全保障体制への転換を求める／北朝鮮の非核化や北東アジアにおける非核兵器地帯の創設に向けた関係国の努力を訴え／日本政府へ、核兵器の非人道性を踏まえ、その廃絶を訴える国々との連携強化を訴え／日本政府に対し、被爆者や黒い雨体験者への支援策の充実や「黒い雨降雨地域」の拡大を要請／日本政府に対し、国民の暮らしと安全を最優先にした責任あるエネルギー政策の構築を訴え

〈中国新聞8月7日付朝刊一面の見出し〉核兵器は「絶対悪」／被爆68年式典／広島平和宣言 国際連携求める

平成24（2012）年　通算65回目

1945年8月6日8時15分、私たちの故郷は、一発の原子爆弾により灰じんに帰しました。帰る家や慣れ親しんだ暮らし、大切に守ってきた文化までもが失われてしまいました。──「広島が無くなっていた。何もかも無くなっていた。道も無い。辺り一面焼け野原。悲しいことに一目で遠くまで見える。市電の線路であろう道に焼け落ちた電線を目安に歩いた。市電の道は熱かった。人々の死があちこちにあった。」──それは、当時20歳の女性が見た街であり、被爆者の誰もが目の当たりにした広島の姿です。川辺からは、賑《にぎ》やかな祭り、ボート遊び、魚釣りや貝掘り、手長えびを捕る子どもたちの姿も消えてしまいました。

そして原爆は、かけがえのない人の命を簡単に破壊してしまいました。──「警防団の人と一緒にトラックで遺体の収容作業に出る。少年の私は、足首を持つように言われ、つかむが、ズ

ルッと皮がむけて握れない。覚悟を決めて指先に力を入れると、滴が垂れた。臭い。骨が握れた。いちにのさんでトラックに積んだ。」――この当時13歳の少年の体験のように、辺り一面は、無数の屍《しかばね》が重なり、声にならない呻《うめ》き声の中、息のない母親のお乳を吸い続ける幼児、死んだ赤子を抱き締め虚《うつ》ろな顔の母親など、正に生き地獄だったのです。

当時16歳の少女は、大切な家族を次々と亡くしました。――「７歳だった弟は、被爆直後に全身火傷で亡くなり、ひと月後には、父と母、そして13歳の弟と11歳の妹が亡くなりました。唯一生き残った当時３歳の弟も、その後、癌《がん》で亡くなりました。」――広島では、幼子からお年寄りまで、その年の暮れまでに14万人もの尊い命が失われました。

深い闇に突き落とされたヒロシマ。被爆者は、そのヒロシマで原爆を身を以て体験し、後障害や偏見に苦しみながらも生き抜いてきました。そして、自らの体験を語り、怒りや憎しみを乗り越え、核兵器の非人道性を訴え、核兵器廃絶に尽力してきました。私たちは、その辛《つら》さ、悲しさ、苦しみと共に、その切なる願いを世界に伝えたいのです。

広島市はこの夏、平均年齢が78歳を超えた被爆者の体験と願いを受け継ぎ、語り伝えたいという人々の思いに応え、伝承者養成事業を開始しました。被爆の実相を風化させず、国内外のより多くの人々と核兵器廃絶に向けた思いを共有していくためです。

世界中の皆さん、とりわけ核兵器を保有する国の為政者の皆さん、被爆地で平和について考えるため、是非とも広島を訪れてください。

平和市長会議は今年、設立30周年を迎えました。２０２０年までの核兵器廃絶を目指す加盟都市は5，３００を超え、約10億人の市民を擁する会議へと成長しています。その平和市長会議の総会を来年8月に広島で開催します。核兵器禁止条約の締結、さらには核兵器廃絶の実現を願う圧倒的多数の市民の声が発信されることになります。そして、再来年の春には、我が国を始め10の非核兵器国による「軍縮・不拡散イニシアティブ」の外相会合も開催されます。核兵器廃絶の願いや決意は、必ずや、広島を起点として全世界に広がり、世界恒久平和に結実するものと信じています。

２０１１年3月11日は、自然災害に原子力発電所の事故が重なる未曾有の大惨事が発生した、人類にとって忘れ難い日となりました。今も苦しい生活を強いられながらも、前向きに生きようとする被災者の皆さんの姿は、67年前のあの日を経験したヒロシマの人々と重なります。皆さん、必ず訪れる明日への希望を信じてください。私たちの心は、皆さんと共にあります。

あの忌まわしい事故を教訓とし、我が国のエネルギー政策について、「核と人類は共存できない」という訴えのほか様々な声を反映した国民的議論が進められています。日本政府は、市民の暮らしと安全を守るためのエネルギー政策を一刻も早く確立してください。また、唯一の被爆国としてヒロシマ・ナガサキと思いを共有し、さらに、私たちの住む北東アジアに不安定な情勢が見られることをしっかり認識した上で、核兵器廃絶に向けリーダーシップを一層発揮してください。そして、原爆により今なお苦しんでいる国内外の被爆者への温かい支援策を充実させるとともに、「黒い雨降雨地域」の拡大に向けた政治判断をしてください。

私たちは、今改めて、原爆犠牲者の御霊《みたま》に心から哀悼の誠を捧《ささ》げるとともに、この広島を拠点にして、被爆者の体験と願いを世界に伝え、核兵器廃絶と世界恒久平和の実現に全力を尽くすことを、ここに誓います。

＊

〈広島市コメント〉３人の被爆者から寄せられた被爆体験談を盛り込む／本市が被爆体験伝承者の養成事業を開始したことを紹介／核保有国の為政者等に対し、平和について考えるため広島を訪れるよう訴え／日本政府に対し、核兵器廃絶のリーダーシップを発揮するよう訴え／東日本大震災と原発事故の被災者の姿は被爆を経験したヒロシマの姿と重なることに触れ、私たちの心は被災者と共にあると呼び掛け／日本政府に対し、市民の暮らしと安全を守るためのエネルギー政策を早急に確立するよう訴え／日本政府に対し、「黒い雨降雨地域」の拡大に向けた政治判断を要請

〈中国新聞８月７日付朝刊一面の見出し〉核と人類　見つめ直す／被爆67年式典　広島市長平和宣言／市民守るエネ

平成23(2011)年　通算64回目

66年前、あの時を迎えるまで、戦時中とはいえ、広島の市民はいつも通りに生活していました。かつて市内有数の繁華街であった、ここ平和記念公園の地にも、多くの家族が幸せに暮らす姿がありました。当時13歳だった男性は、打ち明けます。――「8月5日は、中学2年生の私にとっては久しぶりに一日ゆっくり休める日曜日でした。仲良しだった同級生を誘って、近くの川で時間の経つのも忘れて夕方まで、砂場でたわむれ、泳いだのですが、真夏の暑いその日が彼との出会いの最後だったのです。」

ところが、翌日の8月6日午前8時15分に、一発の原子爆弾でそれまでの生活が根底から破壊されてしまいます。当時16歳だった女性の言葉です。――「体重40キロの私の体は、爆風に7メートル吹き飛ばされ意識を失った。意識が戻ったとき、辺りは真っ暗で、音の無い、静かな世界に、私一人、この世に取り残されたように思った。私は、腰のところにボロ布をまとっているだけの裸体で、左腕の皮膚が5センチ間隔で破れクルクルッと巻いていた。右腕は白っぽくなっていた。顔に手をやると、右頬はガサガサしていて、左頬はねっとりしていた。」

原爆により街と暮らしが破壊し尽くされた中で、人々は、とまどい、傷つきながらもお互いに助け合おうとしました。――「突然、『助けて！』『おかあちゃん助けて！』泣き叫ぶたくさんの声が聞こえてきた。私は近くから聞こえる声に『助けてあげる』と呼びかけ、その方へ歩み寄ろうとしたが、体が重く、何とか動いて一人の幼い子供を助けた。両手の皮膚が無い私は、もう助けることはできない。…『ごめんなさい』…。」

それは、この平和記念公園の地のみならず、広島のいたるところに見られた情景です。助けようにも助けられなかった、あるいは、身内で自分一人だけ生き残ったことへの罪の意識をいまだに持ち続けている人も少なくありません。

被爆者は、様々な体験を通じて、原爆で犠牲となった方々の声や思いを胸に、核兵器のない世界を願い、毎日を懸命に生き抜いてきました。そして、被爆者をはじめとする広島市民は、国内外から心温まる多くの支援を受け、この街を蘇らせました。

その被爆者は、平均年齢77歳を超えながらも、今もって、街を蘇生させた力を振り絞り、核兵器廃絶と世界恒久平和を希求し続けています。このままで良いのでしょうか。決してそうではありません。今こそ私たちが、すべての被爆者からその体験や平和への思いをしっかり学び、次世代に、そして世界に伝えていかなければなりません。

私は、この平和宣言により、被爆者の体験や平和への思いを、この世界に生きる一人一人に伝えたいと考えています。そして、人々が集まる世界の都市が２０２０年までの核兵器廃絶を目指すよう、長崎市とともに平和市長会議の輪を広げることに力を注ぎます。さらに、各国、とりわけ臨界前核実験などを繰り返す米国を含めすべての核保有国には、核兵器廃絶に向けた取組を強力に進めてほしいのです。そのため、世界の為政者たちが広島の地に集い核不拡散体制を議論するための国際会議の開催を目指します。

今年3月11日に東日本大震災が発生しました。その惨状は、66年前の広島の姿を彷彿《ほうふつ》させるものであり、とても心を痛めています。震災により亡くなられた多くの方々の御冥福を心からお祈りします。そして、広島は、一日も早い復興を願い、被災地の皆さんを応援しています。

また、東京電力福島第一原子力発電所の事故も起こり、今なお続いている放射線の脅威は、被災者をはじめ多くの人々を不安に陥れ、原子力発電に対する国民の信頼を根底から崩してしまいました。そして、「核と人類は共存できない」との思いから脱原発を主張する人々、あるいは、原子力管理の一層の厳格化とともに、再生可能エネルギーの活用を訴える人々がいます。

日本政府は、このような現状を真摯《しんし》に受け止め、国民の理解と信頼を得られるよう早急にエネルギー政策を見直し、具体的な対応策を講じていくべきです。また、被爆者の高齢化は年々進んでいます。日本政府には、「黒い雨降雨地域」を早期に拡大するとともに、国の内外を問わず、きめ細かく温かい援護策を充実するよう強く求めます。

私たちは、原爆犠牲者の御霊《みたま》に心から哀悼の誠を捧《ささ》げるとともに、「原爆は二度とごめんだ」、「こんな思いをほかの誰にもさせてはならない」という思いを新たにし、核兵器廃絶と世界恒久平和の実現に全力を尽くすことを、ここに誓います。

＊

〈広島市コメント〉２人の被爆者から寄せられた被爆体験談を盛り込む／すべての被爆者の体験や平和への思いを学び、次世代、そして世界に伝えていく決意を表明／平和市長会議の輪を広げる決意を表明／各国、とりわけ臨界前核実験などを繰り返す米国を含め核保有国に対して、核兵器廃絶に向けた取組を強力に進めるよう訴え／核不拡散体制を議論する国際会議の広島開催を目指すことを表明／東日本大震災と東京電力福島第一原子力発電所の事故に言及し、日本政府に対し、早急にエネルギー政策を見直し、具体的な対応策を講じるべきと訴え

〈中国新聞8月7日付朝刊一面の見出し〉核と人類　ヒロシマに問う／エネ政策　見直し求める／被爆66年式典　松井市長　初の平和宣言

市長 松井一實氏に聞く

2011（平成23）年4月に就任して以来、市長3期目（1期4年）の松井一實氏に「平和宣言」について聞いた。（21年12月＝聞き手・早稲田大学出版部 谷俊宏）

――2021年まで「平和宣言」を11回、発表しました。「平和宣言」で大切にしていることは何でしょうか。

松井　「被爆者の思い」を伝えるということです。それが最も大切です。そのことを世界の人々に届けるために「被爆の実相」と「時代背景を踏まえた事項」、「核兵器廃絶に向けた訴え」と「平和への決意」を盛り込んできました。そして「被爆者援護施策充実の訴え」と「原爆犠牲者への哀悼の意」です。これらの要素は「平和宣言」の作成に当たって欠かすことができません。これとは別に、「平和宣言」の成り立ちを顧みることも大切だと考えています。「平和宣言」とは何なのか、どういう経緯で生まれたのか、目的は何なのか、という根本です。昭和22（1947）年の「平和祭」の式典で当時の濱井信三市長は訴えました。「厳粛に平和祭の式典をあげ、われら市民の熱烈なる平和愛好の信念をひれきし、もって平和確立への決意を新たにしようと思う」「戦争の惨苦と罪悪とを最も深く体験し自覚する者のみが苦悩の極致として戦争を根本的に否定し、最も熱烈に平和を希求するものである」と。最初の「平和宣言」です。広島市民から選ばれたわたしは、どんな時も、この起点に立っています。

――「平和宣言」の作成に関して、有識者を含む市民から幅広い意見を聴くため「平和宣言に関する懇談会」を設けています。

松井　懇談会は、市長に就任した２０１１年に設けました。座長はわたしが務め、21年の時点でメンバーは7人です。原爆の問題に関わってきた有識者や被爆者らが含まれます。21年は懇談会を3回開きました。5月は「平和宣言」の構成について、6月は骨子について、7月は文案について貴重な意見を伺いました。「平和宣言」を発信力のあるものにする、説得力あるものにするのが狙いです。懇談会とは別に、広島市民に呼びかけて「平和宣言」に引用する被爆体験や平和の考えを公募したいきさつがあります。15年に公募は見直しました。それでも被爆体験の引用は「平和宣言」の柱になっています。濱井市長が言われたように、広島市民の被爆体験は核廃絶と平和の心をわたしたちに培う第一級の資料です。記憶の風化にあらがう礎になります。わたしが発表した「平和宣言」のすべてに被爆体験を盛り込んでいるのはそのためです。

――延べ26人の被爆体験が「平和宣言」に盛り込まれています。そこには、被爆したご自身の家族や親類のことは触れられていません。

松井　２０２１年の「平和宣言」で引用した被爆体験は次の通りです。

原爆の恐ろしさが分かってくると、その影響を思い、我が身よりも子どもへの思いがいっぱいで、悩み、心の苦しみへと変わっていく。娘の将来のことを考えると、一層苦しみが増し、夜も眠れない日が続いた。

「被爆後に女の子を生んだ被爆者」の話として紹介しました。40代前半で亡くなったわたしの母は被爆者でした。被爆後にわたしと弟を生んでから、わたしの母もずっと同じ気持ちだったに違いありません。放射線障害のことを忘れたことは一度たりともないと。わたしの周りに、娘が結婚するまでは被爆者健康手帳をもらわない。嫁ぐまでは被爆者であることを隠し通すと言った人がいました。差別を恐れてのことです。広島市の被爆者は１９７５年のピーク時には約11万4千人を数えました。「被爆後に女の子を生んだ被爆者」の例と同じように、健康は何ものにも代えがたい、健康であってほしいと心の底から願う一方で、放射線障害の不安と差別にさらされる人たちがその数だけ存在したわけです。わたしの母もそうした被爆者の一人でした。

――ご自身は被爆二世です。公言する機会がほとんどないように思われます。

松井　２０１１年４月の市長選に出馬する際、被爆二世であることを公にしました。自分のことを有権者である広島市民に知ってもらうためです。ただ、被爆二世だからできる平和行政があるとか、被爆二世だからこそやれる都市基盤整備事業があるとか、被爆二世だからしなければならない社会福祉事業があるとか、そういうことはないのではないでしょうか。広島市長が広島市民から託されているのは、核廃絶と豊かな都市づくりです。これに応えるのが市長の責務です。

――２０２１年の「平和宣言」ではヘレン・ケラーの言葉を引用しました。

松井　目と耳が不自由な女性のヘレン・ケラーは、何重ものハンディキャップを背負っていました。にもかかわらず、復興初期の広島市を訪ね、励ましてくれました。実は「平和宣言に関する懇談会」のメンバーが、ヘレン・ケラーを広島市に迎えた時の歌を覚えていて、それを教えてくれたということがあります。ハンディキャップのある人が障害を乗り越えて、苦難にあえぐ広島市民を励ましてくれたという話に胸を打たれました。わたしの親類に片方の耳が不自由な人がいます。母親はわたしの母と同じ被爆者です。彼が頑張っている姿を小さい頃から見てきました。その姿を見るにつけハンディキャップのある人を何がなんでも応援したい、どうにかして助けたいと考えるようになりました。その熱い気持ちは今も変わっていません。わたしが大学を出て旧労働省に入った動機も、そのことに関係しています。婦人労働課長や高齢者雇用対策課長、労働基準局勤労者生活部長、ＩＬＯ（国際労働機関）理事を務めるなかで学んだことがあります。人間の生きざまや人間らしさこそが優先されるべきだということです。ＩＬＯは、その使命を「ディーセント・ワーク（Decent Work）」を追求することであるとしていましたが、ディーセントはもともと「適切な」とか「まともな」とかいう意味の英語であり、日本語としては、それでは意味が十分には伝わりません。そこで、人間の尊厳を重視する必要があると考え、日本語の訳として「働きがいのある人間らしい仕事」を提言し、それがＩＬＯの各理事の間で合意をみて今は定着しています。被爆者も高齢者も女性も障害者も、ハンディキャップを背負っているという点では変わりありません。だからこそ被爆者の、高齢者の、女性の、障害者の尊厳を守れと言いたいのです。

――核兵器禁止条約が２０２１年１月に発効しました。日本政府は一貫して締結に後ろ向きです。同年10月に首相に就いた岸田文雄氏は爆心地を選挙区（衆議院議員広島県第一選挙区）にしています。

松井　「ヒロシマの心」は核兵器のない世界であり、条約の締結国になるべきだと日本政府に再三求めています。これに対し日本政府は、核兵器保有国と非保有国の分断状況を解消するための「橋渡し」をすると繰り返し主張しています。「唯一の被爆国」である日本政府の締約国会議への参加は「橋渡し役」を実行する第一歩であり、核兵器保有国による核戦力の強化や、核兵器の近代化によって進んでいる憂慮すべき状況の打開と、その先にある核兵器の廃絶に向けて、世界を牽引するための絶好の機会になると思います。そのためにも、まずは締約国会議に参加することを岸田首相には期待しています。外相と防衛相の経験があり、外交手腕には定評があります。抱負な知識と経験を生かし、自身の中にある「ヒロシマの心」を具体的対応に結びつけてもらいたい。日本政府は、日米安保条約があるから、アメリカの「核の傘」の下にあるから現状の追認・肯定しかないという態度をとるのではなく、核兵器のない理想の世界に近づくために何を為すべきかという発想に立つ必要があります。岸田首相を国政の場に送り出したのは、被爆者を含む広島市の有権者です。その思いをくんで、核抑止論に頼ることなく全世界の国民が平和のうちに生存できる理想の国際社会を目指していただきたい。そして被爆国の日本がそのための行動に出る際には、核兵器禁止条約は核兵器保有国に核武装の放棄を促すための有力な手段になります。

――具体的行動が伴わない限り、「核兵器廃絶を！」のスローガンを何回唱えても現実は変わりません。特に相手は超大国の核兵器保有国です。隣国のロシアや中国は民主主義の価値観とは相いれない政治体制です。そして北朝鮮です。

松井　為政者である政治リーダーと有権者である市民の双方が目覚める必要があると考えています。平和を願い、核廃絶を願うなら市民が平和の価値観をまず共有する必要があると思います。次に核廃絶を実行すると確信できる政治家を選ぶ必要があります。有権者の一票は、世界を変える力の源泉であると自覚しなければいけないわけです。市民の負託を受けた政治リーダーは市民との間で平和の価値観を共有し、施策を有言実行することです。そうして市民と為政者が同じ価値観に立ち、世界を確実に変えていく。そこで重要になるのは対話だとわたしは考えます。目的が同じでも手段やアプローチの仕方が人によって異なるからです。対話を重ねることで、手段やアプローチをより実効性のあるものにしていくことができます。それは成熟した市民社会の手続きです。着実に前に進めるものについて優先順位を付け、行動に移していく。その主体は市民であり、市民が選んだ為政者です。だから広島市を訪ねてくれたアメリカの大統領オバマ氏、駐日大使のケネディ氏らに対しても、過度の期待を寄せることはしませんでした。代わりに、会長都市を広島市が務める「平和首長会議」の活動を粛々と進めてきました。核廃絶と持続的な人類の共存を目指す会議の活動は、アメリカ大統領のような派手なパフォーマンスはありません。対話重視の活動に時間はかかります。それだけに信頼が醸成された活動は後戻りすることはないと言えます。会議に加盟する国と地域は１６５，都市の数は８０５９を数えます（２０２１年12月現在）。このうちロシア67、中国７の都市が名を連ねています。

――２０２３年に日本で開催する予定の主要７カ国首脳会議（Ｇ７サミット）を広島市に誘致すると21年11月に発表しました。現職市長として、核廃絶の働き掛けをサミットでするのが狙いですか。

松井　わたしの市長としての任期は23年４月までです。仮に誘致が成功したとしても、Ｇ７サミットの開催時にわたしが市長でいるかどうかは分かりません。先に言いましたように、平和行政は「平和首長会議」の加盟都市を一つずつ増やしていくことに象徴される地道な作業です。これは市長が誰に代わろうと同じで、活動はしっかりと受け継がれていくと自信を持っています。わたしが期待しているのは若い世代の活動です。被爆の実相を「守り」「広め」「伝える」には彼ら彼女らの力が必要です。広島市は１９７０年から「国際平和文化都市」の実現を目標に掲げてきました。わたしが提唱する「平和文化」はそのためのものです。働く時間とは別に余暇の時間を確保して、平和の意識を涵養する音楽や絵画、映画などの芸術、スポーツを楽しむ。被爆体験者から話を聴くことはそれに含まれます。「平和文化」を広め深めることが「国際平和文化都市」の創造につながります。共助の精神が芽生えるに違いありません。市民同士が支え合う取り組みから地域コミュニティーが活性化するでしょう。そこから何が正しくて何が間違っているかが見えてくるはずです。あるべき世界の姿もはっきりするはずです。平和の価値観を共有する若い人が一人また一人と増えていくことで、同じ価値観を持つ政治リーダーが正しく選ばれていきます。若い人が主体です。自ら学び、自ら選択し、自らの責任で自ら治めていく。都市は「平和文化」を介して本当の自治を手に入れるに違いありません。

第2章
平和宣言

秋葉忠利市長
（2010～1999年）

「平和宣言」を読む秋葉氏（2010年 8 月 6 日＝広島市提供）

平成22(2010)年　通算63回目

「ああやれんのう、こがあな辛《つら》い目に、なんで遭わにゃあいけんのかいのう」――65年前のこの日、ようやくにして生き永らえた被爆者、そして非業の最期を迎えられた多くの御霊《みたま》と共に、改めて「こがあないびせえこたあ、ほかの誰《だれ》にもあっちゃあいけん」と決意を新たにする8月6日を迎えました。

ヒロシマは、被爆者と市民の力で、また国の内外からの支援により美しい都市として復興し、今や「世界のモデル都市」を、そしてオリンピックの招致を目指しています。地獄の苦悩を乗り越え、平和を愛する諸国民に期待しつつ被爆者が発してきたメッセージは、平和憲法の礎であり、世界の行く手を照らしています。

今年5月に開かれた核不拡散条約再検討会議の成果がその証拠です。全会一致で採択された最終文書には、核兵器廃絶を求める全《すべ》ての締約国の意向を尊重すること、市民社会の声に耳を傾けること、大多数の締約国が期限を区切った核兵器廃絶の取組に賛成していること、核兵器禁止条約を含め新たな法的枠組みの必要なこと等が盛り込まれ、これまでの広島市・長崎市そして、加盟都市が4000を超えた平和市長会議、さらに「ヒロシマ・ナガサキ議定書」に賛同した国内

３分の２にも上る自治体の主張こそ、未来を拓《ひら》くために必要であることが確認されました。

核兵器のない未来を願う市民社会の声、良心の叫びが国連に届いたのは、今回、国連事務総長としてこの式典に初めて参列して下さっている潘基文閣下のリーダーシップの成せる業ですし、オバマ大統領率いる米国連邦政府や１２００もの都市が加盟する全米市長会議も、大きな影響を与えました。

また、この式典には、70か国以上の政府代表、さらに国際機関の代表、ＮＧＯや市民代表が、被爆者やその家族・遺族そして広島市民の気持ちを汲《く》み、参列されています。核保有国としては、これまでロシア、中国等が参列されましたが、今回初めて米国大使や英仏の代表が参列されています。

このように、核兵器廃絶の緊急性は世界に浸透し始めており、大多数の世界市民の声が国際社会を動かす最大の力になりつつあります。

こうした絶好の機会を捉《とら》え、核兵器のない世界を実現するために必要なのは、被爆者の本願をそのまま世界に伝え、被爆者の魂と世界との距離を縮めることです。核兵器廃絶の緊急性に気付かず、人類滅亡が回避されたのは私たちが賢かったからではなく、運が良かっただけだという事実に目を瞑《つぶ》っている人もまだ多いからです。

今こそ、日本国政府の出番です。「核兵器廃絶に向けて先頭に立」つために、まずは、非核三原則の法制化と「核の傘」からの離脱、そして「黒い雨降雨地域」の拡大、並びに高齢化した世界全《すべ》ての被爆者に肌理《きめ》細かく優しい援護策を実現すべきです。

また、内閣総理大臣が、被爆者の願いを真摯《しんし》に受け止め自ら行動してこそ、「核兵器ゼロ」の世界を創《つく》り出し、「ゼロ（0）の発見」に匹敵する人類の新たな一頁《ページ》を2020年に開くことが可能になります。核保有国の首脳に核兵器廃絶の緊急性を訴え核兵器禁止条約締結の音頭を取る、全《すべ》ての国に核兵器等軍事関連予算の削減を求める等、選択肢は無限です。

私たち市民や都市も行動します。志を同じくする国々、NGO、国連等と協力し、先月末に開催した「2020核廃絶広島会議」で採択した「ヒロシマアピール」に沿って、2020年までの核兵器廃絶のため更に大きなうねりを創《つく》ります。

最後に、被爆65周年の本日、原爆犠牲者の御霊《みたま》に心から哀悼の誠を捧《ささ》げつつ、世界で最も我慢強き人々、すなわち被爆者に、これ以上の忍耐を強いてはならないこと、そして、全《すべ》ての被爆者が「生きていて良かった」と心から喜べる、核兵器のない世界を一日も早く実現することこそ、私たち人類に課せられ、死力を尽して遂行しなくてはならない責務であることをここに宣言します。

＊

〈広島市コメント〉「こんな思いをほかの誰にもさせてはならない」という被爆者の思いを広島弁で表現／ＮＰＴ再検討会議の最終文書により広島市・長崎市・平和市長会議等の主張こそ未来を拓くために必要であることが確認されたことを指摘／市民社会の声と潘基文国連事務総長・オバマ大統領等のリーダーシップがＮＰＴ再検討会議を成功に導いた／内閣総理大臣に被爆者の願いを真摯に受け止め核兵器廃絶に向けてリーダーシップを発揮するよう要請／２０２０核廃絶広島会議で採択した「ヒロシマアピール」に沿って行動することを表明

〈中国新聞８月７日付朝刊一面の見出し〉核なき潮流　世界が集結／被爆65年式典　米大使・国連総長ら参列／「核の傘　離脱を」　広島市長平和宣言

平成21（２００９）年　通算62回目

人類絶滅兵器・原子爆弾が広島市民の上に投下されてから64年、どんな言葉を使っても言い尽せない被爆者の苦しみは今でも続いています。64年前の放射線が未《いま》だに身体を蝕《むしば》み、64年前の記憶が昨日のことのように蘇《よみがえ》り続けるからです。

幸いなことに、被爆体験の重みは法的にも支えられています。原爆の人体への影響が未《いま》だに解明されていない事実を謙虚に受け止めた勇気ある司法判断がその好例です。日本国政府は、「黒い雨降雨地域」や海外の被爆者も含め高齢化した被爆者の実態に即した援護策を充実すると共に、今こそ省庁の壁を取り払い、「こんな思いを他《ほか》の誰《だれ》にもさせてはならぬ」という被爆者たちの悲願を実現するため、2020年までの核兵器廃絶運動の旗手として世界をリードすべきです。

今年4月には米国のオバマ大統領がプラハで、「核兵器を使った唯一の国として」、「核兵器のない世界」実現のために努力する「道義的責任」があることを明言しました。核兵器の廃絶は、被爆者のみならず世界の大多数の市民並びに国々の声であり、その声にオバマ大統領が耳を傾けたことは、「廃絶されることにしか意味のない核兵器」の位置付けを確固たるものにしました。

それに応《こた》えて私たちには、オバマ大統領を支持し、核兵器廃絶のために活動する責任があります。この点を強調するため、世界の多数派である私たち自身を「オバマジョリティー」と呼び、力を合せて2020年までに核兵器の廃絶を実現しようと世界に呼び掛けます。その思いは、世界的評価が益々《ますます》高まる日本国憲法に凝縮されています。

全世界からの加盟都市が3,000を超えた平和市長会議では、「2020ビジョン」を具体化した「ヒロシマ・ナガサキ議定書」を、来年のNPT再検討会議で採択して貰《もら》うため全力疾走しています。採択後の筋書は、核実験を強行した北朝鮮等、全《すべ》ての国における核兵器取得・配備の即時停止、核保有国・疑惑国等の首脳の被爆地訪問、国連軍縮特別総会の早期開催、2015年までの核兵器禁止条約締結を目指す交渉開始、そして、２０２０年までの全《すべ》ての核兵器廃絶を想定しています。明日から長崎市で開かれる平和市長会議の総会で、さらに詳細な計画を策定します。

２０２０年が大切なのは、一人でも多くの被爆者と共に核兵器の廃絶される日を迎えたいからですし、また私たちの世代が核兵器を廃絶しなければ、次の世代への最低限の責任さえ果したことにはならないからです。

核兵器廃絶を視野に入れ積極的な活動を始めたグローバル・ゼロや核不拡散・核軍縮に関する国際委員会等、世界的影響力を持つ人々にも、２０２０年を目指す輪に加わって頂きたいと願っています。

対人地雷の禁止、グラミン銀行による貧困からの解放、温暖化の防止等、大多数の世界市民の意思を尊重し市民の力で問題を解決する地球規模の民主主義が今、正に発芽しつつあります。その芽を伸ばし、さらに大きな問題を解決するためには、国連の中にこれら市民の声が直接届く仕組みを創《つく》る必要があります。例えば、これまで戦争等の大きな悲劇を体験してきた都市１００、そして、人口の多い都市１００、計２００都市からなる国連の下院を創設し、現在の国連総会を上院とすることも一案です。

被爆64周年の平和記念式典に当り、私たちは原爆犠牲者の御霊《みたま》に心から哀悼の誠を捧《ささ》げ、長崎市と共に、また世界の多数派の市民そして国々と共に、核兵器のない世界実現のため渾身《こんしん》の力を振り絞ることをここに誓います。

最後に、英語で世界に呼び掛けます。

We have the power. We have the responsibility. And we are the Obamajority.
Together, we can abolish nuclear weapons. Yes, we can.

（注）英語部分の訳は次のとおりです。

私たちには力があります。私たちには責任があります。そして、私たちはオバマジョリティーです。力を合せれば核兵器は廃絶できます。絶対にできます。

＊

〈広島市コメント〉 今なお続く被爆者の苦しみと、被爆体験の重みが勇気ある司法判断により法的にも支えられていることを指摘／核兵器廃絶を求める世界の多数派を「オバマジョリティー」と呼ぶことを提案／大多数の世界市民の意思を尊重し市民の力で問題を解決する地球規模の民主主義が今、正に発芽しつつある事実を指摘／国連の中に市民の声が直接届く仕組みとして国連に下院の創設を提案／最後に、英語で世界に、力を合せて核兵器の廃絶を実現しようと呼び掛け

〈中国新聞8月7日付朝刊一面の見出し〉 核廃絶 世界の声に／「Yes, we can」広島市長平和宣言 被爆64年式典

平成20（２００８）年　通算61回目

平均年齢75歳を超えた被爆者の脳裡《のうり》に、63年前がそのまま蘇《よみがえ》る８月６日が巡って来ました。「水を下さい」「助けて下さい」「お母ちゃん」——被爆者が永遠に忘れることのできない地獄に消えた声、顔、姿を私たちも胸に刻み、「こんな思いを他の誰《だれ》にもさせない」ための決意を新たにする日です。

しかし、被爆者の心身を今なお苛《さいな》む原爆の影響は永年にわたり過少評価され、未だに被害の全《ぜん》貌《ぼう》は解明されていません。中でも、心の傷は深刻です。こうした状況を踏まえ、広島市では２か年掛けて、原爆体験の精神的影響などについて、科学的な調査を行います。

そして、この調査は、悲劇と苦悩の中から生れた「核兵器は廃絶されることにだけ意味がある」という真理の重みをも私たちに教えてくれるはずです。

昨年11月、科学者や核問題の専門家などの議論を経て広島市がまとめた核攻撃被害想定もこの真理を裏付けています。核攻撃から市民を守る唯一の手段は核兵器の廃絶です。だからこそ、核不拡散条約や国際司法裁判所の勧告的意見は、核軍縮に向けて誠実に交渉する義務を全《すべ》ての国家が負うことを明言しているのです。さらに、米国の核政策の中枢を担ってきた指導者たちさえ、核兵器のない世界の実現を繰り返し求めるまでになったのです。

核兵器の廃絶を求める私たちが多数派であることは、様々な事実が示しています。地球人口の過半数を擁する自治体組織、「都市・自治体連合」が平和市長会議の活動を支持しているだけでなく、核不拡散条約は１９０か国が批准、非核兵器地帯条約は１１３か国・地域が署名、昨年我が国が国連に提出した核廃絶決議は１７０か国が支持し、反対は米国を含む３か国だけです。今年11月には、人類の生存を最優先する多数派の声に耳を傾ける米国新大統領が誕生することを期待します。

多数派の意思である核兵器の廃絶を２０２０年までに実現するため、世界の２３６８都市が加盟する平和市長会議では、本年4月、核不拡散条約を補完する「ヒロシマ・ナガサキ議定書」を発表しました。核保有国による核兵器取得・配備の即時停止、核兵器の取得・使用につながる行為を禁止する条約の２０１５年までの締結など、議定書は核兵器廃絶に至る道筋を具体的に提示しています。目指すべき方向と道筋が明らかになった今、必要なのは子どもたちの未来を守るという強い意志と行動力です。

対人地雷やクラスター弾の禁止条約は、世界の市民並びに志を同じくする国々の力で実現しました。また、地球温暖化への最も有効な対応が都市を中心に生れています。市民が都市単位で協力し人類的な課題を解決できるのは、都市が世界人口の過半数を占めており、軍隊を持たず、世界中の都市同士が相互理解と信頼に基づく「パートナー」の関係を築いて来たからです。

日本国憲法は、こうした都市間関係をモデルとして世界を考える「パラダイム転換」の出発点とも言えます。我が国政府には、その憲法を遵守《じゅんしゅ》し、「ヒロシマ・ナガサキ議定書」の採択のために各国政府へ働き掛けるなど核兵器廃絶に向けて主導的な役割を果すことを求めます。さらに「黒い雨降雨地域」や海外の被爆者も含め、また原爆症の認定に当たっても、高齢化した被爆者の実態に即した温かい援護策の充実を要請します。

また来月、我が国で初めて、Ｇ８下院議長会議が開かれます。開催地広島から、「被爆者の哲学」が世界に広まることを期待しています。

被爆63周年の平和記念式典に当たり、私たちは原爆犠牲者の御霊《みたま》に心から哀悼の誠を捧《ささ》げ、長崎市と共に、また世界の市民と共に、核兵器廃絶のためあらん限りの力を尽し行動することをここに誓います。

＊

〈広島市コメント〉「核兵器は廃絶されることにだけ意味がある」という真理／世界の多数派が核兵器の廃絶を支持／人類の生存を最優先する多数派の声に耳を傾ける米国新大統領が誕生することを期待／核兵器の廃絶を2020年までに実現するため、平和市長会議で「ヒロシマ・ナガサキ議定書」を発表／相互理解と信頼にもとづく都市間関係をモデルに世界を考える「パラダイム転換」の重要性を訴え／G8下院議長会議の広島開催で「被爆者の哲学」が世界に広まることを期待

〈中国新聞8月7日付朝刊一面の見出し〉 核兵器廃絶　多数派の声／被爆63年式典／広島市長平和宣言　未来守る意志を

平成19（2007）年　通算60回目

運命の夏、8時15分。朝凪《あさなぎ》を破るB－29の爆音。青空に開く「落下傘」。そして閃光《せんこう》、轟音《ごうおん》――静寂――阿鼻叫喚《あびきょうかん》。

落下傘を見た少女たちの眼《まなこ》は焼かれ顔は爛《ただ》れ、助けを求める人々の皮膚は爪から垂れ下がり、髪は天を衝《つ》き、衣服は原形を止めぬほどでした。爆風により潰《つぶ》れた家の下敷になり焼け死んだ人、目の玉や内臓まで飛び出し息絶えた人――辛うじて生き永らえた人々も、死者を羨《うらや》むほどの

「地獄」でした。

14万人もの方々が年内に亡くなり、死を免れた人々もその後、白血病、甲状腺癌《こうじょうせんがん》等、様々な疾病に襲われ、今なお苦しんでいます。

それだけではありません。ケロイドを疎まれ、仕事や結婚で差別され、深い心の傷はなおのこと理解されず、悩み苦しみ、生きる意味を問う日々が続きました。

しかし、その中から生れたメッセージは、現在も人類の行く手を照らす一筋の光です。「こんな思いは他の誰にもさせてはならぬ」と、忘れてしまいたい体験を語り続け、三度目の核兵器使用を防いだ被爆者の功績を未来永劫《みらいえいごう》忘れてはなりません。

こうした被爆者の努力にもかかわらず、核即応態勢はそのままに膨大な量の核兵器が備蓄・配備され、核拡散も加速する等、人類は今なお滅亡の危機に瀕《ひん》しています。時代に遅れた少数の指導者たちが、未だに、力の支配を奉ずる20世紀前半の世界観にしがみつき、地球規模の民主主義を否定するだけでなく、被爆の実相や被爆者のメッセージに背を向けているからです。

しかし21世紀は、市民の力で問題を解決できる時代です。かつての植民地は独立し、民主的な政治が世界に定着しました。さらに人類は、歴史からの教訓を汲んで、非戦闘員への攻撃や非人道的兵器の使用を禁ずる国際ルールを築き、国連を国際紛争解決の手段として育ててきました。

そして今や、市民と共に歩み、悲しみや痛みを共有してきた都市が立ち上がり、人類の叡智《えいち》を基に、市民の声で国際政治を動かそうとしています。

世界の1698都市が加盟する平和市長会議は、「戦争で最大の被害を受けるのは都市だ」という事実を元に、2020年までの核兵器廃絶を目指して積極的に活動しています。

我がヒロシマは、全米101都市での原爆展開催や世界の大学での「広島・長崎講座」普及など、被爆体験を世界と共有するための努力を続けています。アメリカの市長たちは「都市を攻撃目標にするな」プロジェクトの先頭に立ち、チェコの市長たちはミサイル防衛に反対しています。ゲルニカ市長は国際政治への倫理の再登場を呼び掛け、イーペル市長は平和市長会議の国際事務局を提供し、ベルギーの市長たちが資金を集める等、世界中の市長たちが市民と共に先導的な取組を展開しています。今年10月には、地球人口の過半数を擁する自治体組織、「都市・自治体連合」総会で、私たちは、人類の意志として核兵器廃絶を呼び掛けます。

唯一の被爆国である日本国政府には、まず謙虚に被爆の実相と被爆者の哲学を学び、それを世界に広める責任があります。同時に、国際法により核兵器廃絶のため誠実に努力する義務を負う日本国政府は、世界に誇るべき平和憲法をあるがままに遵守《じゅんしゅ》し、米国の時代遅れで誤った政策にははっきり「ノー」と言うべきです。また、「黒い雨降雨地域」や海外の被爆者も含め、平均年齢が74歳を超えた被爆者の実態に即した温かい援護策の充実を求めます。

　被爆62周年の今日、私たちは原爆犠牲者、そして核兵器廃絶の道半ばで凶弾に倒れた伊藤前長崎市長の御霊《みたま》に心から哀悼の誠を捧《ささ》げ、核兵器のない地球を未来の世代に残すため行動することをここに誓います。

＊

〈広島市コメント〉 被爆者の苦しみの中から生まれたメッセージの重要性と、忘れてしまいたい体験を語り続け三度目の核兵器使用を防いだ被爆者の功績を訴え／「少数の指導者たち」が「力の支配を奉ずる20世紀前半の世界観にしがみつき」、人類を滅亡の危機に陥れている現状の問題点を指摘／「21世紀は市民の力で問題を解決できる時代」／市民と共に都市が立ち上がり、民主的な政治や国際ルールなど人類の叡智を基に、市民の声で国際政治を動かそうとしている世界の各都市の活動事例を紹介／核兵器のない地球を未来の世代に残すために行動することを誓う

〈中国新聞８月７日付朝刊一面の見出し〉 核廃絶　人類の意志／被爆62年式典　広島市長平和宣言／「市民の力で打開」

平成18（2006）年　通算59回目

放射線、熱線、爆風、そしてその相乗作用が現世《げんせ》の地獄を作り出してから61年——悪魔に魅入られ核兵器の奴隷と化した国の数はいや増し、人類は今、全《すべ》ての国が奴隷となるか、全《すべ》ての国が自由となるかの岐路に立たされています。それはまた、都市が、その中でも特に罪のない子どもたちが、核兵器の攻撃目標であり続けて良いのか、と問うことでもあります。

一点の曇りもなく答は明らかです。世界を核兵器から解放する道筋も、これまでの61年間が明確に示しています。

被爆者たちは、死を選んだとしても誰《だれ》も非難できない地獄から、生と未来に向かっての歩みを始めました。心身を苛《さいな》む傷病苦を乗り越えて自らの体験を語り続け、あらゆる差別や誹謗《ひぼう》・中傷を撥《は》ね返して「他《ほか》の誰《だれ》にもこんな思いをさせてはならない」と訴え続けてきたのです。その声は、心ある世界の市民に広がり力強い大合唱になりつつあります。

「核兵器の持つ唯一の役割は廃絶されることにある」がその基調です。しかし、世界政治のリーダーたちはその声を無視し続けています。10年前、世界市民の創造力と活動が勝ち取った国際司法裁判所による勧告的意見は、彼らの蒙《もう》を啓《ひら》き真実に目を向けさせるために、極めて有効な手段となるはずでした。

国際司法裁判所は、「核兵器の使用・威嚇は一般的に国際法に反する」との判断を下した上で、「全《すべ》ての国家には、全《すべ》ての局面において核軍縮につながる交渉を、誠実に行い完了させる義務がある」と述べているからです。

核保有国が率先して、誠実にこの義務を果していれば、既に核兵器は廃絶されていたはずです。しかし、この10年間、多くの国々、そして市民もこの義務を真正面からは受け止めませんでした。私たちはそうした反省の上に立って、加盟都市が１４０３に増えた平和市長会議と共に、核軍縮に向けた「誠実な交渉義務」を果すよう求めるキャンペーン（Good Faith Challenge）を「２０２０ビジョン（核兵器廃絶のための緊急行動）」の第二期の出発点として位置付け展開します。さらに核保有国に対して都市を核攻撃の目標にしないよう求める「都市を攻撃目標にするな（Cities Are Not Targets）プロジェクト」に、取り組みます。

核兵器は都市を壊滅させることを目的とした非人道的かつ非合法な兵器です。私たちの目的は、これまで都市を人質として利用してきた「核抑止論」そして「核の傘」の虚妄を暴き、人道的・合法的な立場から市民の生存権を守ることにあります。

この取組の先頭を切っているのは、米国の１１３９都市が加盟する全米市長会議です。本年６

月の総会で同会議は、自国を含む核保有国に対して核攻撃の標的から都市を外すことを求める決議を採択しました。

迷える羊たちを核兵器による呪《のろい》から解き放ち、世界に核兵器からの自由をもたらす責任は今や、私たち世界の市民と都市にあります。岩をも通す固い意志と燃えるような情熱を持って私たちが目覚め起《た》つ時が来たのです。

日本国政府には、被爆者や市民の代弁者として、核保有国に対して「核兵器廃絶に向けた誠実な交渉義務を果せ」と迫る、世界的運動を展開するよう要請します。そのためにも世界に誇るべき平和憲法を遵守《じゅんしゅ》し、さらに「黒い雨降雨地域」や海外の被爆者も含め高齢化した被爆者の実態に即した人間本位の温かい援護策を充実するよう求めます。

未《いま》だに氏名さえ分らぬ多くの死没者の霊安かれと、今年改めて、「氏名不詳者多数」の言葉を添えた名簿を慰霊碑に奉納しました。全《すべ》ての原爆犠牲者の御霊《みたま》に哀悼の誠を捧《ささ》げ、人類の未来の安寧を祈って合掌致します。

＊

〈広島市コメント〉「核兵器の使用・威嚇は一般的に国際法に違反する」とした国際司法裁判所（ＩＣＪ）による勧告的意見から10周年を迎えたが核軍縮の義務は果たされていないことを訴え／核軍縮に向けた「誠実な交渉義務」を

果たすよう求めるキャンペーン（Good Faith Challenge）や、核保有国に対して都市を核攻撃の目標にしないよう求める「都市を攻撃目標にするな（Cities Are Not Targets（CANT））プロジェクト」に取り組むことを表明

〈中国新聞8月7日付朝刊一面の見出し〉 日差しはあの日と同じ。祈り継ぐ命の重み／被爆61年式典　広島市長平和宣言／市民と都市　行動の時／核兵器廃絶へ連携

平成17（2005）年　通算58回目

被爆60周年の8月6日、30万を越える原爆犠牲者の御霊《みたま》と生き残った私たちが幽明《ゆうめい》の界《さかい》を越え、あの日を振り返る慟哭《どうこく》の刻《とき》を迎えました。それは、核兵器廃絶と世界平和実現のため、ひたすら努力し続けた被爆者の志を受け継ぎ、私たち自身が果たすべき責任に目覚め、行動に移す決意をする、継承と目覚め、決意の刻《とき》でもあります。この決意は、全《すべ》ての戦争犠牲者や世界各地で今この刻《とき》を共にしている多くの人々の思いと重なり、地球を包むハーモニーとなりつつあります。

その主旋律は、「こんな思いを、他《ほか》の誰《だれ》にもさせてはならない」という被爆者の声であり、宗教や法律が揃《そろ》って説く「汝《なんじ》殺すなかれ」です。未来世代への責務として、私たちはこの真理を、なかんずく「子どもを殺すなかれ」を、国家や宗教を超える人類最優先の公理として確立する必

要があります。9年前の国際司法裁判所の勧告的意見はそのための大切な一歩です。また主権国家の意思として、この真理を永久に採用した日本国憲法は、21世紀の世界を導く道標《みちしるべ》です。

しかし、今年の5月に開かれた核不拡散条約再検討会議で明らかになったのは、アメリカ、ロシア、イギリス、フランス、中国、インド、パキスタン、北朝鮮等の核保有国並びに核保有願望国が、世界の大多数の市民や国の声を無視し、人類を滅亡に導く危機に陥れているという事実です。

これらの国々は「力は正義」を前提に、核兵器の保有を入会証とする「核クラブ」を結成し、マスコミを通して「核兵器が貴方《あなた》を守る」という偽りの呪《まじな》いを繰り返してきました。その結果、反論する手段を持たない多くの世界市民は「自分には何もできない」と信じさせられています。また、国連では、自らの我儘を通せる拒否権に恃《たの》んで、世界の大多数の声を封じ込めています。

この現実を変えるため、加盟都市が1080に増えた平和市長会議は現在、広島市で第6回総会を開き、一昨年採択した「核兵器廃絶のための緊急行動」を改訂しています。目標は、全米市長会議や欧州議会、核戦争防止国際医師の会等々、世界に広がる様々な組織やNGOそして多くの市民との協働の輪を広げるための、そしてまた、世界の市民が「地球の未来はあたかも自分一人の肩に懸かっているかのような」危機感を持って自らの責任に目覚め、新たな決意で核廃絶を目指して行動するための、具体的指針を作ることです。

まず私たちは、国連に多数意見を届けるため、10月に開かれる国連総会の第一委員会が、核兵器のない世界の実現と維持とを検討する特別委員会を設置するよう提案します。それは、ジュネーブでの軍縮会議、ニューヨークにおける核不拡散条約再検討会議のどちらも不毛に終わった理由が、どの国も拒否権を行使できる「全員一致方式」だったからです。

さらに国連総会がこの特別委員会の勧告に従い、２０２０年までに核兵器の廃絶を実現するための具体的ステップを２０１０年までに策定するよう、期待します。

同時に私たちは、今日から来年の8月9日までの３６９日を「継承と目覚め、決意の年」と位置付け、世界の多くの国、ＮＧＯや大多数の市民と共に、世界中の多くの都市で核兵器廃絶に向けた多様なキャンペーンを展開します。

日本政府は、こうした世界の都市の声を尊重し、第一委員会や総会の場で、多数決による核兵器廃絶実現のために力を尽くすべきです。重ねて日本政府には、海外や黒い雨地域も含め高齢化した被爆者の実態に即した温かい援護策の充実を求めます。

被爆60周年の今日、「過ちは繰返さない」と誓った私たちの責任を謙虚に再確認し、全《すべ》ての原爆犠牲者の御霊《みたま》に哀悼の誠を捧《ささ》げます。

「安らかに眠って下さい　過ちは繰返しませぬから」

＊

〈広島市コメント〉未来世代への責務として、「汝殺すなかれ」特に「子ども殺すなかれ」を人類最優先の公理として確立する必要を訴え／2006年8月9日までを「継承と目覚め、決意の年」と位置付けて、核兵器廃絶に向けた多様なキャンペーンを展開することを表明／国連総会の第一委員会が核兵器のない世界の実現と維持とを検討する特別委員会を設置するよう提案

〈中国新聞8月7日付朝刊一面の見出し〉核廃絶　志継ぐ責務／広島市長が平和宣言　記念式典／被爆60年「行動」誓う◇継承と目覚め、決意の年／平和宣言骨子

平成16（2004）年　通算57回目

「75年間は草木も生えぬ」と言われたほど破壊し尽された8月6日から59年。あの日の苦しみを未《いま》だに背負った亡骸《なきがら》――愛する人々そして未来への思いを残しながら幽明界《ゆうめいかい》を異《こと》にした仏たちが、今再び、似島《にのしま》に還《かえ》り、原爆の非人間性と戦争の醜さを告発しています。

残念なことに、人類は未《いま》だにその惨状を忠実に記述するだけの語彙《ごい》を持たず、その空白を埋めるべき想像力に欠けています。また、私たちの多くは時代に流され惰眠《だみん》を貪《むさぼ》り、将来を見通すべ

き理性の眼鏡は曇り、勇気ある少数には背を向けています。

その結果、米国の自己中心主義はその極に達しています。国連に代表される法の支配を無視し、核兵器を小型化し日常的に「使う」ための研究を再開しています。また世界各地における暴力と報復の連鎖は止《や》むところを知らず、暴力を増幅するテロへの依存や北朝鮮等による実のない「核兵器保険」への加入が、時代の流れを象徴しています。

このような人類の危機を、私たちは人類史という文脈の中で認識し直さなくてはなりません。人間社会と自然との織り成す循環が振り出しに戻る被爆60周年を前に、私たちは今こそ、人類未《み》曾《ぞ》有《う》の経験であった被爆という原点に戻り、この一年の間に新たな希望の種を蒔《ま》き、未来に向かう流れを創《つく》らなくてはなりません。

そのために広島市は、世界１０９か国・地域、６１１都市からなる平和市長会議と共に、今日から来年の8月9日までを「核兵器のない世界を創《つく》るための記憶と行動の一年」にすることを宣言します。私たちの目的は、被爆後75年目に当る２０２０年までに、この地球から全《すべ》ての核兵器をなくすという「花」を咲かせることにあります。そのときこそ「草木も生えない」地球に、希望の生命が復活します。

私たちが今、蒔《ま》く種は、２００５年5月に芽吹きます。ニューヨークで開かれる国連の核不拡散条約再検討会議において、２０２０年を目標年次とし、２０１０年までに核兵器禁止条約を締結するという中間目標を盛り込んだ行動プログラムが採択されるよう、世界の都市、市民、ＮＧＯは、志を同じくする国々と共に「核兵器廃絶のための緊急行動」を展開するからです。

そして今、世界各地でこの緊急行動を支持する大きな流れができつつあります。今年2月には欧州議会が圧倒的多数で、6月には１１８３都市の加盟する全米市長会議総会が満場一致でより強力な形の、緊急行動支持決議を採択しました。

その全米市長会議に続いて、良識ある米国市民が人類愛の観点から「核兵器廃絶のための緊急行動」支持の本流となり、唯一の超大国として核兵器廃絶の責任を果すよう期待します。

私たちは、核兵器の非人間性と戦争の悲惨さとを、特に若い世代に理解してもらうため、被爆者の証言を世界に届け、「広島・長崎講座」の普及に力を入れると共に、さらにこの一年間、世界の子どもたちに大人の世代が被爆体験記を読み語るプロジェクトを展開します。

日本国政府は、私たちの代表として、世界に誇るべき平和憲法を擁護し、国内外で顕著になりつつある戦争並びに核兵器容認の風潮を匡《ただ》すべきです。また、唯一の被爆国の責務として、平和市長会議の提唱する緊急行動を全面的に支持し、核兵器廃絶のため世界のリーダーとなり、大きなうねりを創《つく》るよう強く要請します。さらに、海外や黒い雨地域も含め高齢化した被爆者の実態に即した温かい援護策の充実を求めます。

本日私たちは、被爆60周年を、核兵器廃絶の芽が萌《も》え出る希望の年にするため、これからの一年間、ヒロシマ・ナガサキの記憶を呼び覚ましつつ力を尽し行動することを誓い、全《すべ》ての原爆犠牲者の御霊《みたま》に哀悼の誠を捧《ささ》げます。

＊

〈広島市コメント〉２００５年８月９日までを「核兵器のない世界を創るための記憶と行動の一年」とすることを宣言／２０２０年までの核兵器廃絶を決意／米国市民に人類愛の観点から唯一の超大国として核兵器廃絶の責任を果たすように期待／被爆者の証言を世界に届け、「広島・長崎講座」の普及や被爆体験記を読み語るプロジェクトを展開／日本政府に対し、平和憲法の擁護、戦争並びに核兵器容認の風潮を匡すよう要請／ＮＰＴ再検討会議に向け、「核兵器廃絶のための緊急行動」への支持を訴え

〈中国新聞8月7日付朝刊一面の見出し〉核廃絶へ希望の種まく／被爆59年式典　広島市長平和宣言／記憶・行動の1年に

平成15（2003）年　通算56回目

今年もまた、58年前の灼熱《しゃくねつ》地獄を思わせる夏が巡って来ました。被爆者が訴え続けて来た核兵器や戦争のない世界は遠ざかり、至る所に暗雲が垂れこめています。今にもそれがきのこ雲に変り、黒い雨が降り出しそうな気配さえあります。

一つには、核兵器をなくすための中心的な国際合意である、核不拡散条約体制が崩壊の危機に瀕《ひん》しているからです。核兵器先制使用の可能性を明言し、「使える核兵器」を目指して小型核兵器の研究を再開するなど、「核兵器は神」であることを奉じる米国の核政策が最大の原因です。

しかし、問題は核兵器だけではありません。国連憲章や日本国憲法さえ存在しないかのような言動が世を覆い、時代は正に戦後から戦前へと大きく舵《かじ》を切っているからです。また、米英軍主導のイラク戦争が明らかにしたように、「戦争が平和」だとの主張があたかも真理であるかのように喧伝《けんでん》されています。しかし、この戦争は、国連査察の継続による平和的解決を望んだ、世界の声をよそに始められ、罪のない多くの女性や子ども、老人を殺し、自然を破壊し、何十億年も拭《ぬぐ》えぬ放射能汚染をもたらしました。開戦の口実だった大量破壊兵器も未《いま》だに見つかっていません。

かつてリンカーン大統領が述べたように「全《すべ》ての人を永遠に騙《だま》すことはできません」。そして今こそ、私たちは「暗闇《くらやみ》を消せるのは、暗闇《くらやみ》ではなく光だ」という真実を見つめ直さなくてはなりません。「力の支配」は闇《やみ》、「法の支配」が光です。「報復」という闇《やみ》に対して、「他《ほか》の誰《だれ》にもこんな思いをさせてはならない」という、被爆者たちの決意から生まれた「和解」の精神は、人類の行く手を明るく照らす光です。

その光を掲げて、高齢化の目立つ被爆者は米国のブッシュ大統領に広島を訪れるよう呼び掛けています。私たちも、ブッシュ大統領、北朝鮮の金総書記をはじめとして、核兵器保有国のリーダーたちが広島を訪れ核戦争の現実を直視するよう強く求めます。何をおいても、彼らに核兵器が極悪、非道、国際法違反の武器であることを伝えなくてはならないからです。同時に広島・長崎の実相が世界中により広く伝わり、世界の大学でさらに多くの「広島・長崎講座」が開設されることを期待します。

また、核不拡散条約体制を強化するために、広島市は世界の平和市長会議の加盟都市並びに市長に、核兵器廃絶のための緊急行動を提案します。被爆60周年の２００５年にニューヨークで開かれる核不拡散条約再検討会議に世界から多くの都市の代表が集まり、各国政府代表に、核兵器全廃を目的とする「核兵器禁止条約」締結のための交渉を、国連で始めるよう積極的に働き掛けるためです。

同時に、世界中の人々、特に政治家、宗教者、学者、作家、ジャーナリスト、教師、芸術家やスポーツ選手など、影響力を持つリーダーの皆さんに呼び掛けます。いささかでも戦争や核兵器を容認する言辞は弄《ろう》せず、戦争を起こさせないために、また絶対悪である核兵器を使わせず廃絶させるために、日常のレベルで祈り、発言し、行動していこうではありませんか。

また「唯一の被爆国」を標榜《ひょうぼう》する日本政府は、国の内外でそれに伴う責任を果さなくてはなりません。具体的には、「作らせず、持たせず、使わせない」を内容とする新・非核三原則を新たな国是とした上で、アジア地域の非核地帯化に誠心誠意取り組み、「黒い雨降雨地域」や海外に住む被爆者も含めて、世界の全《すべ》ての被爆者への援護を充実させるべきです。

58年目の8月6日、子どもたちの時代までに、核兵器を廃絶し戦争を起こさない世界を実現するため、新たな決意で努力することを誓い、全《すべ》ての原爆犠牲者の御霊《みたま》に衷心《ちゅうしん》より哀悼の誠を捧《ささ》げます。

＊

〈広島市コメント〉 力の支配が蔓延する現在の世界情勢に大きな不安／自国中心主義を押し進める米国の政策を強く批判／2005年のNPT再検討会議に向け、平和市長会議加盟都市に、核兵器廃絶のための緊急行動を呼び掛け／世界中の影響力を持つリーダーに、核兵器廃絶のため、日常のレベルで祈り、発言し、行動することを呼び掛け／日本政府に対し、「作らせず、持たせず、使わせない」を内容とする「新・非核三原則」を国是とするよう要求／初めて「黒い雨降雨地域」の被爆者援護に言及

〈中国新聞8月7日付朝刊一面の見出し〉「法の支配」未来照らす／被爆58周年式典 広島市長平和宣言／米の核政策批判

平成14（2002）年　通算55回目

57年前、「この世の終り」を経験した被爆者、それ故に「他《ほか》の誰《だれ》にもこんな思いをさせてはならない」と現世の平和を願い活動してきた被爆者にとって、再び辛《つら》く暑い夏が巡ってきました。

一つには、暑さと共に当時の悲惨な記憶が蘇《よみがえ》るからです。

それ以上に辛《つら》いのは、その記憶が世界的に薄れつつあるからです。実体験を持たない大多数の世界市民にとっては、原爆の恐ろしさを想像することさえ難しい上に、ジョン・ハーシーの『ヒロシマ』やジョナサン・シェルの『地球の運命』さえも忘れられつつあります。その結果、「忘れられた歴史は繰り返す」という言葉通り、核戦争の危険性や核兵器の使用される可能性が高

まっています。

その傾向は、昨年9月11日のアメリカ市民に対するテロ攻撃以後、特に顕著になりました。被爆者が訴えて来た「憎しみと暴力、報復の連鎖」を断ち切る和解の道は忘れ去られ、「今に見ていろ」そして「俺の方が強いんだぞ」が世界の哲学になりつつあります。そしてアフガニスタンや中東、さらにインドやパキスタン等、世界の紛争地でその犠牲になるのは圧倒的に女性・子供・老人等、弱い立場の人たちです。

ケネディ大統領は、地球の未来のためには、全《すべ》ての人がお互いを愛する必要はない、必要なのはお互いの違いに寛容であることだと述べました。その枠組みの中で、人類共通の明るい未来を創《つく》るために、どんなに小さくても良いから協力を始めることが「和解」の意味なのです。

また「和解」の心は過去を「裁く」ことにはありません。人類の過ちを素直に受け止め、その過ちを繰り返さずに、未来を創《つく》ることにあります。そのためにも、誠実に過去の事実を知り理解することが大切です。だからこそ私たちは、世界の大学で「広島・長崎講座」を開設しようとしているのです。

広島が目指す「万人のための故郷《ふるさと》」には豊かな記憶の森があり、その森から流れ出る和解と人道の川には理性と良心そして共感の船が行き交い、やがて希望と未来の海に到達します。

その森と川に触れて貰《もら》うためにも、ブッシュ大統領に広島・長崎を訪れること、人類としての記憶を呼び覚まし、核兵器が人類に何をもたらすのかを自らの目で確認することを強く求めます。

アメリカ政府は、「パックス・アメリカーナ」を押し付けたり世界の運命を決定する権利を与えられている訳ではありません。「人類を絶滅させる権限をあなたに与えてはいない」と主張する権利を私たち世界の市民が持っているからです。

日本国憲法第99条は「天皇又は摂政及び国務大臣、国会議員、裁判官その他の公務員は、この憲法を尊重し擁護する義務を負ふ」と規定しています。この規定に従うべき日本国政府の役割は、まず我が国を「他《ほか》の全《すべ》ての国と同じように」戦争のできる、「普通の国」にしないことです。すなわち、核兵器の絶対否定と戦争の放棄です。その上で、政府は広島・長崎の記憶と声そして祈りを世界、特にアメリカ合衆国に伝え、明日の子どもたちのために戦争を未然に防ぐ責任を有します。

その第一歩は、謙虚に世界の被爆者の声に耳を傾けることから始まります。特に海外に住む被爆者が、安心して平和のメッセージを世界に伝え続けられるよう、全《すべ》ての被爆者援護のための施策をさらに充実すべきです。

本日、私たち広島市民は改めて57年前を想《おも》い起し、人類共有の記憶を貴び「平和と人道の世紀」を創造するため、あらん限り努力することを誓い、全《すべ》ての原爆犠牲者の御霊《みたま》に心から哀悼の誠を捧《ささ》げます。

＊

〈広島市コメント〉報復の連鎖や力の論理が蔓延する現在の世界情勢に大きな不安／広島を「万人のための故郷」とし、人類共有の記憶を貴び「平和と人道の世紀」を創造する決意を表明／米国政府・国民に対し、力の論理からの脱却を説得／日本政府に対し、戦争のできる「普通の国」にならないよう要求

〈中国新聞8月7日付朝刊一面の見出し〉報復の連鎖断ち和解を／被爆57周年式典 広島市長平和宣言／米大統領訪問促す◇首相、追悼記念館に献花

平成13（2001）年　通算54回目

今世紀初めての8月6日を迎え、「戦争の世紀」の生き証人であるヒロシマは、21世紀を核兵器のない、「平和と人道の世紀」にするため、全力を尽すことを宣言します。

人道とは、生きとし生けるものすべての声に耳を傾ける態度です。子どもたちを慈しみ育《はぐく》む姿

勢でもあります。人類共通の未来を創《つく》るため和解を重んじ、暴力を否定し理性と良心に従って平和的な結論に至る手法でもあります。人道によってのみ核兵器の廃絶は可能になり、人道こそ核兵器の全廃後、再び核兵器を造り出さない保障でもあります。

21世紀の広島は人道都市として大きく羽ばたきたいと思います。世界中の子どもや若者にとって優しさに満ち、創造力とエネルギーの源であり、老若男女誰《だれ》にとっても憩いや寛《くつろ》ぎの「居場所」がある都市、万人のための「故郷《ふるさと》」を創《つく》りたいと考えています。

しかし、暦の上で「戦争の世紀」が終っても、自動的に「平和と人道の世紀」が訪れるわけではありません。地域紛争や内戦等の直接的暴力だけでなく、環境破壊をはじめ、言論や映像、ゲーム等、様々な形をした暴力が世界を覆い、高度の科学技術によって戦場は宇宙空間にまで広がりつつあります。

世界の指導者たちは、まず、こうした現実を謙虚に直視する必要があります。その上で、核兵器廃絶への強い意志、人類の英知の結晶である約束事を守る誠実さ、そして和解や人道を重視する勇気を持たなくてはなりません。

多くの被爆者は、そして被爆者と魂を重ねる人々は、人類の運命にまで自らの責任を感じ、岩をも貫き通す堅い意志を持って核兵器の廃絶と世界平和を求めてきました。被爆者にとって56年前の「生き地獄」は昨日のように鮮明だからです。その記憶と責任感、意志を、生きた形で若い世代に伝えることこそ、人類が21世紀を生き延び、22世紀へ虹色の橋を架けるための最も確実な第一歩です。

そのために私たちは、広い意味での平和教育の再活性化に力を入れています。特に、世界の主要大学で「広島・長崎講座」を開講するため私たちは努力を続けています。骨格になるのは、広島平和研究所等における研究実績です。事実に基づいた学問研究の成果を糧《かて》に、私たち人類は真実に近付いてきたからです。

今、広島市と長崎市で世界平和連帯都市市長会議が開催されています。21世紀、人道の担い手になる世界の都市が、真実に導かれ連帯することで核兵器の廃絶と世界平和を実現するための会議です。近い将来、この会議の加盟都市が先頭に立って世界中に「非核自治体」を広げ、最終的には地球全体を非核地帯にすることも夢ではありません。

わが国政府には、アジアのまとめ役として非核地帯の創設や信頼醸成のための具体的行動、ならびに国策として核兵器禁止条約締結の推進を期待します。同時に、世界各地に住む被爆者の果してきた役割を正当に評価し、彼らの権利を尊重し、さらなる援護策の充実を求めます。その上で、核兵器廃絶のための強い意志を持ち、憲法の前文に則《のっと》って、広島と共に「平和と人道の世紀」を創《つく》るよう、強く要請します。

21世紀最初の８月６日、私たちは今、目の前にある平和の瞬間《とき》を、21世紀にそして世界に広げることを誓い、すべての原爆犠牲者の御霊《みたま》に心から哀悼の誠を捧《ささ》げます。

＊

〈広島市コメント〉21世紀最初の宣言として、21世紀を核兵器のない「平和と人道の世紀」にするため、和解や人道を重視する勇気を持つよう訴える／広島を「人道都市」、「万人のための故郷」とする決意を表明

〈中国新聞８月７日付朝刊一面の見出し〉「平和と人道の世紀」に全力／被爆56年祈念式　広島市長が宣言／核廃絶へ継承強調◇「在外」に援護措置　首相表明

平成12年（２０００）年　通算53回目

私たちは今日、20世紀最後の８月６日を迎えました。

一発の原子爆弾が作り出した地獄の日から55年、私たちは、絶望の淵《ふち》から甦《よみがえ》った被爆者と共に悲嘆にくれ、慰め励まし、怒り祈り、学び癒《いや》し、そして訴え行動してきました。その結果、広島平和記念都市建設法の制定、原爆死没者慰霊碑の建立、被爆者援護法の制定、南半球を中心と

した非核兵器地帯の設定、国際司法裁判所による核兵器使用の違法性判断、包括的核実験禁止条約の締結、原爆ドームの世界遺産化、核保有国による「核兵器全廃に向けた明確な約束」等、多くの成果を挙げることができました。特に、長崎以降、核兵器が実戦において使われなかったことは全人類的成果です。しかし、今世紀中に核兵器の全廃をという私たちの願いは、残念ながら実現に至りませんでした。

21世紀には、何としてもこの悲願を達成しなくてはなりません。そのためにも今一度、より大きな文脈で被爆体験の意味を整理し直し、その表現手段を確立し、人類全体の遺産として継承していかなくてはなりません。世界遺産として認められた原爆ドーム、被爆に耐えた旧日本銀行広島支店や世界中の子どもたちから寄せられる折鶴《おりづる》の保存や活用はそのためにも重要です。また、「核兵器は違法である」という大きな成果を核兵器廃絶につなげるため、世界平和連帯都市市長会議の力を結集する必要もあります。そして人類の誰《だれ》もが自らの国家や民族の戦争責任を問い、自ら憎しみや暴力の連鎖を断つことで「和解」への道を拓《ひら》くよう、そして一日も早く人類が核兵器を全廃するよう、世界に訴え続けたいと考えています。

コンピュータはもちろん鉛筆も、いや文字さえなかった太古から今日まで、20世紀が他のどの時代とも違うのは、人類の生存そのものを脅かす具体的な危険を科学技術の力によって創《つく》り出してしまったからです。その一つが核兵器であり、もう一つが地球環境の破壊であることは、言うまでもありません。そのどちらも私たち人類が自ら創《つく》り出した問題です。その解決も当然、私たち自身の手で行わなくてはなりません。

核兵器の廃絶を世界に向って呼び掛けてきた広島は、さらに、科学技術を真に「人間的目的」のために活用するモデル都市として新たな出発をしたいと思います。広島そのものが「人間的目的」の具現化であるような未来を、広島の存在そのものが「平和」であることの実質を示す21世紀を創《つく》りたいと考えています。それは人間の存在そのものを危機に陥れた科学技術と、人類との「和解」でもあります。

朝鮮半島における南北首脳会談で両国の首脳が劇的に示してくれたのは、人間的な「和解」の姿です。私たちは、20世紀の初め日米友好の象徴として交換されたサクラとハナミズキの故事に倣《なら》い、日米市民の協力の下、広島にすべての「和解」の象徴としてハナミズキの並木を作りたいと考えています。国際的な場面においても広島は、対立や敵対関係を超える「和解」を創《つく》り出す、調停役としての役割が果せる都市に成長したいと思います。

私たちは改めて、日本国政府が、被爆者の果してきた重要な役割を正当に評価し援護策を更に充実することを求めます。その上で、核兵器廃絶のための強い意志を持ち、かつ憲法の前文に則《のっと》って、広島と共に世界に「和解」を広める役割を果すよう、強く要請します。

20世紀最後の8月6日、私たちは、人類の来し方行く末に思いを馳《は》せつつ広島に集い、一本の鉛筆があれば、何よりもまず「人間の命」と書き「核兵器廃絶」と書き続ける決意であることをここに宣言し、すべての原爆犠牲者の御霊《みたま》に衷心より哀悼の誠を捧《ささ》げます。

＊

〈広島市コメント〉戦争と科学技術の世紀であった20世紀を振り返り、憎しみや暴力の連鎖を断ち「和解」への道を拓くよう訴える／広島が世界に和解を広める都市、科学技術を人間的目的に用いるモデル都市とする決意を表明

〈中国新聞8月7日付朝刊一面の見出し〉核なき新世紀へ行動／被爆55周年 秋葉広島市長が平和宣言／「和解」創り出す◇北朝鮮被爆者／医療支援を検討／首相が会見で表明

平成11（1999）年　通算52回目

戦争の世紀だった20世紀は、悪魔の武器、核兵器を生み、私たち人類はいまだにその呪縛《じゅばく》から逃れることができません。しかしながら広島・長崎への原爆投下後54年間、私たちは、原爆に

よって非業の死を遂げられた数十万の皆さんに、そしてすべての戦争の犠牲者に思いを馳《は》せながら、核兵器を廃絶するために闘ってきました。

この闘いの先頭を切ったのは多くの被爆者であり、また自らを被爆者の魂と重ね合わせて生きてきた人々でした。なかんずく、多くの被爆者が世界のために残した足跡を顧みるとき、私たちは感謝の気持ちを表さずにはいられません。

大きな足跡は三つあります。

一つ目は、原爆のもたらした地獄の惨苦や絶望を乗り越えて、人間であり続けた事実です。若い世代の皆さんには、高齢の被爆者の多くが、被爆時には皆さんと同じ年ごろだったことを心に留《とど》めていただきたいのです。家族も学校も街も一瞬にして消え去り、死屍《しし》累々《るいるい》たる瓦礫《がれき》の中、生死の間《はざま》をさまよい、死を選んだとしてもだれにも非難できないような状況下にあって、それでも生を選び人間であり続けた意志と勇気を、共に胸に刻みたいと思います。

二つ目は、核兵器の使用を阻止したことです。紛争や戦争の度に、核兵器を使うべしという声が必ず起こります。コソボでもそうでした。しかし、自らの体験を世界に伝え、核兵器の使用が人類の破滅と同義であり、究極の悪であることを訴え続け、二度と過ちを繰り返さぬと誓った被爆者たちの意志の力によって、これまでの間、人類は三度目の愚行を犯さなかったのです。だからこそ私たちの、そして若い世代の皆さんの未来への可能性が残されたのです。

三つ目は、原爆死没者慰霊碑に刻まれ日本国憲法に凝縮された「新しい」世界の考え方を提示し実行してきたことです。復讐《ふくしゅう》や敵対という人類滅亡につながる道ではなく、国家としての日本の過ちのみならず、戦争の過ちを一身に背負って未来を見据え、人類全体の公正と信義に依拠する道を選んだのです。今年5月に開かれたハーグの平和会議で世界の平和を愛する人々が高らかに宣言したように、この考え方こそ21世紀、人類の進むべき道を指し示しています。その趣旨を憲法や法律の形で具現化したすべての国々そして人々に、私たちは心から拍手を送ります。

核兵器を廃絶するために何より大切なのは、被爆者の持ち続けた意志に倣って私たちも、「核兵器を廃絶する」強い意志を持つことです。全世界がこの意志を持てば、いや核保有国の指導者たちだけでもこの意志を持てば、明日にでも核兵器は廃絶できるからです。

強い意志は真実から生まれます。核兵器は人類滅亡を引き起こす絶対悪だという事実です。意志さえあれば、必ず道は開けます。意志さえあれば、どの道を選んでも核兵器の廃絶に到達できます。逆に、どんなに広い道があっても、一歩を踏み出す意志がなければ、目的地には到達できないのです。特に、若い世代の皆さんにその意志を持ってもらいたいのです。

私たちは改めて日本国政府が、被爆者の果たしてきた役割を正当に評価し援護策を更に充実することを求めます。その上で、すべての施策に優先して核兵器廃絶のための強い意志を持つことを求めます。日本国政府は憲法の前文に則《のっと》って世界各国政府を説得し、世界的な核兵器廃絶への意志を形成しなくてはなりません。地球の未来のために、私たちが人間として果たさなくてはならない最も重要な責務が核兵器廃絶であることをここに宣言し、原爆犠牲者の御霊《みたま》に心から哀悼の誠を捧《ささ》げます。

＊

〈広島市コメント〉ヒロシマのたどった歩みを振り返り、被爆者の足跡を称える／世界の指導者が核兵器を廃絶する意志を持つことが何よりも大切であることを訴える

〈中国新聞8月7日付朝刊一面の見出し〉核廃絶の意志　若い世代に／広島被爆54周年祈念式　秋葉市長が平和宣言／被爆者の足跡　継承を◇平和宣言　全文／核兵器は滅亡招く絶対悪

前市長　秋葉忠利氏に聞く

１９９９（平成11）年２月から２０１１（平成23）年４月まで、広島市長を３期12年務めた秋葉忠利氏に「平和宣言」について聞いた。（21年12月＝聞き手・早稲田大学出版部　谷俊宏）

――東京生まれで東京育ちの数学者が、広島市長に選ばれ「平和宣言」を発表することになりました。その間、大学の教員時代を含めるとアメリカ生活は20年近くにも及びます。

秋葉　「平和宣言」は普遍的な価値を持っています。日本国憲法と同じです。それは普遍性のある数学との共通点でもあります。「平和宣言」の原点は、何よりも、平和記念公園の原爆死没者慰霊碑に刻まれた「安らかに眠って下さい　過ちは繰返しませぬから」という言葉です。この文には主語がありません。私は「全人類」という主語を補って説明してきました。「原爆で亡くなられた皆さま、どうか安らかに眠って下さい。全人類は過ちを決して繰返しませぬから」と。ですから「平和宣言」は全人類の誓いの言葉なのです。そして全人類にとっての戒めの言葉でもあるのです。そこには広島生まれでなければいけないとか、広島育ちでなければ駄目だとか、という考えはありません。被爆者の言葉に耳を傾け、それを深く理解し、誓いと戒めを自覚する人が「ヒロシマ人」ではないでしょうか。

――市長に就いた年の1999年に発表した「平和宣言」は、被爆者に対する「感謝」の気持ちを率直に表現しました。歴代の市長で「感謝」の言葉を使ったのは初めてでした。

秋葉　「平和宣言」を述べた市長のうち、例えば濱井信三氏、荒木武氏は被爆者でした。特に濱井氏は「原爆市長」として知られています。私は被爆者ではありません。ですから「感謝」の言葉が自然に生まれました。被爆直後から大変な思いをして人生を送られてきた被爆者。「生き地獄だった」と皆さんは振り返ります。絶望したり自分を責めたり、死にたいと思ったことは何度もあったでしょう。恨みつらみがいっぱいあったでしょう。それでも生き抜いてくださった。それは希望が必要な私たちのためでもあるのです。かけがえのない命を大切にすることの本当の意味を教えてくださっていると。それが感謝する理由の一つです。もう一つは「ヒロシマとナガサキの悲劇を二度と繰り返えさせない。核戦争はやめろ。核は要らない」と訴えた被爆者の声が、核兵器の使用を核保有国に思いとどまらせてきたからです。それらの切実な声がなければ、核兵器が使われたに違いありません。被爆者こそが核抑止力を持っているのです。そして三つ目は、「新しい世界観」を私たちに示してくれたことです。

――新しい世界観とは何でしょう。

秋葉　不戦平和の誓いを前文に記した日本国憲法と原爆死没者慰霊碑に刻まれた言葉が示すものです。この新しい考え方は、しばしば「こんな思いを他の誰にもさせてはならない」という被爆者の言葉で表されます。「こんな思い」とは、被爆者たちが経験した「生き地獄」とその後の悲惨な生活を指しています。そして、「他の誰にも」の中には、通常なら「敵」とみなされる人が含まれています。原爆投下を決めたトルーマン大統領も、原爆を作った科学者たちも、それを投下した軍人たちも含めて、世界中の誰であっても、自分たちと同じ経験をさせてはならないという意味です。国家間の関係を「敵対関係」として捉える従来の考え方ではなく、「人類滅亡を引き起こす絶対悪」(1999年の平和宣言)である核兵器を廃絶するために人類が一体になって取り組まなくてはならない、というメッセージでもあります。それは被爆者による非暴力と人道の哲学です。

この画期的な哲学が世界的に共有されるまでには至っていないのは、被爆の実相を余すところなく伝えられるだけの「語彙《ごい》」がないからです。2004年の平和宣言では「その惨状を忠実に記述するだけの語彙を持たず」と表現しましたが、考えられるだけの多様な表現手段を使ってこのことを伝えなくてはなりません。例えば、「核兵器の持つ唯一の役割は廃絶されることにある」(06年平和宣言)がその一つですし、核兵器禁止条約も新たにこのための語彙に加わったのです。戦争被害を受けた世界の都市が口を揃《そろ》えて発する「ネバーアゲイン」も広い意味ではその一部だと考えられます。

――謝意を表明した「平和宣言」への反響はどうでしたか。

秋葉　被爆者の皆さんから涙ながらの電話を頂きました。感謝の気持ちが伝わってきたという内容です。広島平和教育研究所の創設者で長く所長を務めた石田明先生もその一人でした。「市長、よかった。感謝の気持ちも伝わったし、自分たちの思いを１００％代弁してくれた」と。先生は広島県原爆被爆教師の会を結成し、２００３年10月に亡くなるまで平和教育と平和運動の先頭に立ってきました。現役を退いた後も私たちすべての先生として、また政治家として亡くなるまで核兵器廃絶のために生きてくれました。イタリアのローマで06年11月に開かれた「ノーベル平和賞受賞者世界サミット」で私が講演した際、次のように石田先生の半生を紹介しました。

私が今ここにいるのは、石田明という名の一人の被爆者によるところが大きいと感じています。先生は、被爆者であるだけではなく、教師であり、詩人、そして政治活動家でもありました。彼こそ、被爆者のメッセージ、そして生き残ったことの意味を体現し尽した人でした。石田先生は１９２８年に生まれ、あの運命の日１９４５年８月６日には、休暇中の17歳の志願兵として、路面電車の中で被爆しました。その結果、放射能の影響による多くの疾病に何十年も苦しんだ後、２００３年に亡くなられました。

被爆後1カ月近く経って、一緒に被爆したお兄さんが亡くなり、その後彼は約3週間死線をさまよい、さらに1年間急性症状と闘いました。石田先生が回復したのは、母の、我が子を何としても死なせてはならないという強い信念にほかならないと先生は語っています。核兵器のない未来を考えるとき、私たちは石田先生と彼の母親に深く感謝しなければなりません。なぜなら先生こそ、生き残る上において、また被爆体験の意味を考える上において、愛の果たす役割に焦点を合わせた人だからです。

放射線による疾病に苦しんだ石田先生のつらい経験から、私たちは今日でも多くを学ぶことができます。先生の通院記録には、白内障から数種類のガンに至るまで、放射線の典型的な影響である病状が記されています。先生は、日本政府を相手に裁判を起こし、白内障が被爆の影響によることを公式に認めさせました。こうした活動を通して被爆者の病気をより科学的・客観的に調査する道を開きました。しかし、石田先生も苦しんだ放射能の影響はいまだに完全には解明されていないことを、申し添えておかなければなりません……。

私が広島市長として平和宣言を起草し、それを世界に届けるという重要な使命を曲がりなりにも果たせたのは、石田先生というお手本があったからだと言っても過言ではありません。

――ある時は「部外者」として、またある時は「よそ者」として広島に関わってきた経験が長いからこそ、「広島の実相」が見えてきたことがあるのでしょうか。

秋葉　広島と深く関わることになったのは、「アキバ・プロジェクト」と呼ばれた市民活動がきっかけです。タフツ大学准教授だった１９７０年代末から80年代半ばにかけて、世界のジャーナリストたちを日本に招き、広島と長崎を取材してもらう活動に取り組みました。奇襲攻撃のパール・ハーバーと原爆投下のヒロシマ・ナガサキが「差し引きゼロ」にされることに異を唱え、アメリカ人に「ヒロシマ・ナガサキの心」を知ってもらうことも目的の一つでした。アメリカ生活で忘れられない思い出があります。１年間の交換留学生としてシカゴ郊外で暮らした高校時代です。17歳でした。歴史の授業で原爆投下が取り上げられると、教師は原爆投下が正当だと私たちに教えました。クラスメートも同じ意見でした。私は原爆の悲惨さを伝えようと反論を試みました。しかし、教師も生徒たちも聞く耳を持ちません。男子生徒１人だけが味方になってくれました。「真珠湾攻撃は卑怯だ、日本は悪魔だと言っているけど、今、ここで君らがやっていることも公平（フェア）ではない」と。フェアであるかどうかは、それ以来、私の中で重要な価値を持っています。「よそ者」や「部外者」といった少数者が真実や実相を伝えることも多いのです。世界の全人口からすれば一握りの被爆者が伝えている「被爆の実相」は、石田明先生の証言を含め、真実だからこそ光っているのです。

――「平和宣言」の起稿に当たり、心がけたことはありますか。

秋葉　核廃絶に向けた都市としての行動の1年を振り返り、今後1年の行動計画を明らかにするようにしました。私が「平和宣言」を考えるときは「時間と空間」の対比に気を付けるようにしていました。「時間」というのは後世に記憶を伝えるということ。未来に向けた話です。「空間」というのは世界中の人々に被爆の実相を伝えるということです。広がりの話です。「時間と空間」の対比から、見落としがちな真実を救い出しました。重要な言葉を書きだして並べ、抜け落ちている言葉がないかを点検しました。宣言に反映させるべき国内外の情勢を調べ上げて整理しました。熟慮して使った言葉や表現に対し、大きな批判を浴びたこともあります。2010年の「平和宣言」冒頭で、広島弁を使ったときは私が広島出身者でなかっただけに大変でした。広島弁を馬鹿にするのかという意見も寄せられました。実は広島弁を使ったのには大きな理由があります。被爆者の証言の記録は、ほとんどすべてが標準語で記されているのです。すべてと言ってもいいでしょう。被爆者の喜怒哀楽が標準語で表現されていることに大きな違和感を覚えました。被爆直後の生き地獄ですべての人が標準語で話していたのでしょうか。そのときの言葉をそのまま誰かが記録しておかなくてはならないのです。

大きな批判を浴びたもう一つが09年の「オバマジョリティー」です。その年の4月、アメリカのオバマ大統領（当時）はチェコ・プラハで「アメリカは、核兵器を使ったことがある唯一の核兵器国として、行動する道義的責任があります。私は、核兵器のない世界の平和と安全保障を追求する米国の約束を表明します」と宣言しました。核保有国は少数です。それに対し、人類の生存を願って核廃絶を求める人は世界の多数派です。オバマ氏を支持し核廃絶のために活動する多数派を「オバマジョリティー」と名付け、キャンペーンを始めました。「オバマ氏賛美はけしからん」「『オバマ頼み』は核大国アメリカ頼みと同じだ」と批判されました。でもオバマ氏を支持したのは、彼が本気で核廃絶の道を歩もうとしていたからです。オバマ氏の決意と核廃絶の機運を後退させないためには、彼を孤立させないことでした。従来のアメリカの核政策を推進・強化しようともくろむ人たちがオバマ氏を自陣営に取り込もうとする努力に対抗するために、彼の背後には世界の多数派が付いていて、ヒロシマがあり、被爆者がいる、そして広島市民がいると伝える必要がありました。残念ながら私の力も足りず、オバマ氏は八割がたあちらの陣営に取り込まれてしまいました。

――「平和宣言」では都市への期待が大きいことが分かります。

秋葉　全米市長会議は、平和市長会議（現・平和首長会議）が2003年に「2020ビジョン」を提唱して以来、毎年、満場一致でこの計画を支持してくれました。近代の戦争は都市が舞台になりました。つまり、戦争の犠牲になるのは都市なのです。その被害の頂点が原爆投下の広島と長崎です。日本国内では343（21年10月現在）の自治体が非核宣言をしています。スコットランドは全都市が非核都市宣言をしていることで知られます。スコットランドが英国から独立したら、スコットランド、そしてスコットランドにしか核を置けない英国も非核国になります。ただ14年に実施された住民投票では独立が否決されました。戦争は国が始める。犠牲は都市が負う。だから都市が連帯して世界中の国の政策を変えるという図式が、全世界の都市に支持され共有されているのです。核兵器禁止条約の署名・批准を都市が率先しなければならない理由です。

第3章
平和宣言

平岡敬市長
（1998〜1991年）

「平和宣言」を読む平岡氏（1995年８月６日＝広島市提供）

平成10（1998）年　通算51回目

広島の惨劇から五十三年たったいま、国家相互の不信感は依然として根強く、世界は新たな危機に直面するに至った。

インド、そしてパキスタンの相次ぐ核実験強行によって、南西アジアの緊張は極度に高まり、核拡散防止体制は根底から揺らいだ。核兵器の非人道性を一貫して世界に訴え、その廃絶を求め続けてきたヒロシマは、両国の核実験に激しい憤りを覚えるとともに、これが核軍備競争の連鎖反応を誘発することを懸念する。

このような事態を招いた背景には、核保有五か国が核抑止論に固執し、核拡散防止条約で義務づけられた核軍縮が遅々として進んでいない現実がある。核保有国の指導者は、国益のみならず、人類の未来に思いを馳《は》せて、一刻も早く国際社会に対する責任を果たさなければならない。

人類は、今こそ新たな英知と行動を求められている。世界各国は、先年、国際司法裁判所が示した勧告的意見の精神に沿って、核兵器廃絶への一段階として、核兵器使用禁止条約の締結交渉を直ちに開始すべきである。

私たちは、史上初の被爆体験を持つ日本の政府が、世界の先頭に立って、すべての核保有国に対し、核兵器廃絶への実効ある行動を起こすよう強く要請する。同時に、私たち国民一人ひとりも、核兵器に頼らぬ安全保障の方策を真剣に考えねばならないと思う。

地球上には、今日、核実験などによる多くの被害者が存在する。この事実をヒロシマと重ね合わせるとき、核時代を生きる私たちの課題がみえてくる。ヒロシマは、国家を超えて都市・市民の連帯の輪を広げ、そのネットワークによって国際政治を動かし、核兵器のない世界を実現させたい。

これまでにもヒロシマは、草の根交流、国の内外でのさまざまな原爆展、世界平和連帯都市市長会議などを通じて、平和を築く国際世論の醸成に努めてきた。そして、今春、広島平和研究所を設立し、国際社会の未来を切り開くための活動を開始した。それらはすべて「平和首都」を目指すヒロシマの意志の表われである。

「何人も、生存、自由、および身体の安全を享有する権利を有する」―『世界人権宣言』が定められて五十年、人類を破滅へと導く核兵器の現状をみるとき、私たちは改めて科学技術文明のあり方を問い直すとともに、思いを新たにして、何よりも人間の生きる権利を優先させる国際社会をつくってゆかねばならない。

本日、五十三回目の平和記念日を迎えて、原爆犠牲者の御霊《みたま》に心から哀悼の誠を捧《ささ》げる。併せて、内外の被爆者に対し、実態に即した、心のかよった援護を求める。

すべての国家が、自国の安全を核戦力に依存する愚かさから一日も早く脱却するよう、私たちは、核兵器否定の精神を胸に行動していく決意を表明する。

*

〈広島市コメント〉インド、パキスタンの核実験強行に抗議／世界各国へ「核兵器禁止条約」の締結を呼び掛け／広島平和研究所の設置に言及

〈中国新聞8月7日付朝刊一面の見出し〉核使用禁止条約 締結迫る／被爆53年 広島市平和宣言 印パ大使前に両国非難／平和首都 構築を決意◇「恒久平和」「せんそうはいやだ」／祈りと願いと 灯ろう揺れる／元安川など

平成9（1997）年　通算50回目

五十二年前のきょう、広島市の上空で原子爆弾が爆発した。一瞬、天は千の太陽よりも明るく光り、巨大なきのこ雲が立ちのぼった。火の海の中で、多くの人が死に、放射線障害は生き残った者を苦しめている。

その事実は、今世紀に入って飛躍的に発達した科学技術文明のあり方に強い疑問を抱かせる。科学技術は、人間の生活に快適さ、便利さをもたらしたが、広島・長崎での大量殺りくの手段に

も使われた。核兵器は人類の生存を危うくしただけではなく、それを生み出した文明は、地球環境にも大きな影響を与えるに至った。

広島は、核兵器が今なお地球上から消え去っていないことに、強い憤りを覚えるとともに、文明の未来に大きな不安を持つ。

国際社会は、包括的核実験禁止条約の調印によって、核爆発を伴う実験の禁止に合意したものの、条約発効までの道はなお険しく遠い。そのような折、米国は条約に触れないと主張して「臨界前核実験」を実施した。一方で、核兵器削減を約束しながら、他方で核実験に固執する態度は、人類共存の英知を欠くものと言わざるをえない。核兵器こそは、戦争に代表されるあらゆる暴力の頂点に位置するものである、とあらためて世界に訴える。

現在、広島で開催中の第4回世界平和連帯都市市長会議では、「核兵器なき世界」を目指して、核兵器使用禁止条約の締結、非核地帯の拡大を各国政府、国際機関に求める討議を進めている。広島は日本政府に対して「核の傘」に頼らない安全保障体制構築への努力を要求する。

世界の国々、とりわけ近隣諸国民との間には、言語、宗教、習俗などが異なるだけではなく、歴史認識の違いも存在する。私たちは、世界の人々と率直な対話を進めることによって、明日への希望を共有したいと願う。

世界が激しい転換期に入っている今日、私たちは暴力、破壊、死と結びつく原爆被害の実相とともに、絶望的な悲惨を体験しながらも、なお未来へ向かおうとする人間の営みと生命のかがやきを、国の内外へあらゆる機会を通じて伝えていきたい。広島の体験が再生の過程で生み出した平和の文化は、人類の希望の灯である。そして、「原爆ドーム」の世界遺産化は、核兵器を否定する人たちの願いの象徴である。

いま平和記念日を迎え、犠牲者の御霊《みたま》に心から哀悼の誠を捧《ささ》げるとともに、年ごとに高齢化していく内外の被爆者に対し、実態に即し、心のかよった援護の方策を求めていきたい。

「戦争は人の心から起こる、ゆえに平和の砦は人の心の上に築かれねばならない」―このユネスコ憲章の一節を胸に刻み、広島の決意とする。

＊

〈広島市コメント〉 科学技術文明の未来に大きな不安／米国の「臨界前核実験」に抗議／日本政府に対し「核の傘」に頼らない安全保障体制構築への努力を要求

〈中国新聞8月7日付朝刊一面の見出し〉「核の傘」頼らぬ平和構築／広島被爆52周年祈念式／平岡市長が平和宣言／安保政策 転換訴え

平成８（１９９６）年　通算49回目

どれほど歳月を重ねても、人びとの心から広島の記憶は消えない。あの惨禍から半世紀あまり、世界はいまだに核兵器の脅威のもとにある。しかし、私たちは絶望することなく、繰り返し「人類と核兵器は共存できない」と訴える。

核大国は東西両陣営の対立が終わったいまも、核兵器を持ち続けているが、他者への不信、疑念が招く軍事力への依存は、決して私たちの安全を保障するものではない。紛争、貧困、差別などに軍事力が絡むとき、平和は崩れる。核兵器は平和を阻むあらゆる暴力の象徴である。

国際司法裁判所は、一般論ながら「核兵器使用の違法性」を明言した。核兵器廃絶を求める国際世論は徐々に、しかも着実に広がっている。この潮流のなかで、私たちは、新たな包括的核実験禁止条約の合意によって、これまで二千回以上も続けられてきた核爆発が禁止され、これが核実験の全面禁止へつながることを期待している。反面、核兵器廃絶への道筋が見えない現状では、核大国の核兵器固定化に大きな不安を抱かざるを得ない。

私たちは次の段階で、世界の人びとと連帯して核兵器使用禁止国際条約の実現を目指し、国内では非核武装の法制化を強く求める。

平和の達成へ向けて急がねばならないのは、世代や国の違いを超えて、人類史上初めての被爆の実相を語り継ぎ、広く世界の人びとに伝えていくことである。そのためには、被爆の惨禍が生んだ広島の生と死の経験を、すべての人びとの心に感動を呼び起こすまでに昇華し、この平和文化を永遠の人類共有財産に加えなければならない。

また一方で、多様な被爆資料の集大成が必要である。戦時や被爆の事実から遠くなった若い世代には、被爆体験談や被爆資料から得る感動を大切にし、想像力を働かせてほしいと思う。同時に、高齢化する内外の被爆者のためには、実態に沿った援護の方策を求めていきたい。

きょう被爆五十一周年を迎え、ここに原爆犠牲者の御霊《みたま》に心から哀悼の誠を捧《ささ》げ、あらためて核兵器廃絶と平和への絶えざる努力を誓う。あわせて、日本人が刻んできた歴史を十分に学び、日本国憲法の精神のもと、市民とともに、こぞって創造的で希望に満ちた平和都市・広島を築いていく決意を表明する。

*

〈広島市コメント〉 国際司法裁判所が「核兵器使用の違法性」を明言／包括的核実験禁止条約への期待／被爆の惨禍が生んだ広島の生と死の経験を平和文化として永遠の人類共有財産に／多様な被爆資料の集大成が必要

〈中国新聞8月7日付朝刊一面の見出し〉 被爆体験「平和の文化」に／広島51周年原爆の日 平岡市長が平和宣言

／世界へ継承の責務

平成7（1995）年　通算48回目

原子爆弾による広島壊滅の日から五十年が経過した。あの日をしのび、犠牲者の御霊《みたま》に心から哀悼の意を表するとともに、高齢化が目立つ被爆者の苦難を思い、改めて核兵器の開発と保有は人類に対する罪であることを強く訴える。

この半世紀の間、私たちは原子爆弾がもたらした人間的悲惨、とりわけ放射線被害という人類史上初めての惨禍を広く世界へ知らせ、核兵器の廃絶を一貫して呼びかけてきた。しかし、国家間の不信は根強く、核兵器はなお地球上に大量に蓄積され、私たちの願いに正面から立ちふさがっている。核兵器の保有を国家の力の象徴と考える人達がいる現実に、私たちは深い悲しみを覚える。

原子爆弾は明らかに国際法に違反する非人道的兵器である。どこの国であれ、また、いつの時代であれ、核兵器がある限り、広島・長崎の悲劇が再び地上に現出する。それは人類の存在を否定する許されない行為である。

人類が未来に希望をつなぐためには、今こそ勇気と決断をもって核兵器のない世界の実現に取り組まなければならない。私たちは、その第一歩として核実験の即時全面禁止とアジア・太平洋における新たな非核地域の設定を求める。日本政府は、日本国憲法の平和主義の理念のもとに、非核三原則を高く掲げ、核兵器廃絶に向けて先導的役割を果たすべきである。また、核時代の証人である内外の被爆者に対する暖かい援護について一層の努力を要請する。

核兵器の保有は決して国家の安全を保障するものではない。また、核兵器の拡散や核技術の移転、核物質の流出も人類の生存を脅かす。それらは人権抑圧、飢餓・貧困、地域紛争、地球環境の破壊などとともに平和を阻む大きな要因である。

現代は地球の安全保障を考えなければならない時代である。私たちは国家の枠を超えて人間として連帯し、英知を結集し、平和を築くために行動していきたい。

第二次世界大戦終結五十年を迎えるにあたって、共通の歴史認識を持つために、被害と加害の両面から戦争を直視しなければならない。すべての戦争犠牲者への思いを心に深く刻みつつ、私たちは、かつて日本が植民地支配や戦争によって、多くの人々に耐えがたい苦痛を与えたことについて謝りたい。

記憶は過去と未来の接点である。歴史の教訓を謙虚に学び、次代を担う若い世代に原爆や戦争の悲惨さを語り継いでいくとともに、平和の基礎となる人間教育に力を傾けたい。生命と人権が何よりも大切にされる社会にこそ、若い世代は限りない希望を抱くであろう。

被爆五十周年の平和記念式典にあたり、核兵器の廃絶と平和な世界の実現に向けて、今後も努力を続けていく決意をここに表明する。

＊

〈広島市コメント〉 原子爆弾は明らかに国際法に違反する非人道的兵器である／アジア・太平洋における新たな非核地帯の設定を求める／共通の歴史認識を持つために被害と加害の両面から戦争を直視すべき

〈中国新聞8月7日付朝刊一面の見出し〉 核廃絶の願い　次代へ／ヒロシマ50年　体験継承誓う／平和宣言　アジア非核化を／戦争　被害と加害を直視◇核実験禁止国連決議／今秋実現へ力／首相会見

平成6（1994）年　通算47回目

強い日差しが照りつける夏の朝、一発の原子爆弾は、一瞬にしてこの街を壊滅させ、多くの人びとの命を奪い去った。いま、この慰霊碑の前に立って「核兵器なき世界」の到来を犠牲者の御霊《みたま》に報告できないことを誠に無念に思う。

あの日からほぼ半世紀、世界はもとより日本も大きな転換期に入り、時代は対立から協調へと動き始めた。しかし、核兵器はまだ地球上に存在する。ヒロシマは、ナガサキとともに世界の核保有国の指導者に訴える。即刻、すべての核兵器の廃棄を宣言すべきだ、と。核兵器の開発と保有は人類に対する罪であることの意味を世界の指導者は理解すべきである。原爆ドームを世界遺産に加える運動も、人類に警告を発し続ける世界の史跡として永久に残そう、と願うからに外ならない。

無差別・大量殺りく兵器であるうえ多量の放射線を放出する原子爆弾は、明らかに国際法違反の兵器である。被爆者は身をもってそのことを知っている。昨今、核兵器使用の違法性が国際司法の場で審理されようとしているが、国際社会はヒロシマ・ナガサキの実態を見つめ、核兵器の非人道性を十分に認識して欲しい。

さきの第2回国連軍縮広島会議でも主張した通り、核兵器廃絶の道筋を明確にせず、保有国と非保有国の関係を不安定にする核拡散防止条約の無期限延長に私たちは反対する。日本政府は被爆国としての責務を果たすために、非核三原則を国際社会に拡大し、北東アジアに非核地域を設定するなど、自らの核兵器反対を実証する具体策を世界に示すべきである。

10月の第12回アジア競技大会に参加するある国は、原子爆弾の惨禍を乗り越えて大会開催を実現した今日の広島を、平和への大いなる希望の象徴である、と表現した。私たちは、この言葉を誇りと自信をもって受け止めたい。無論、アジア諸国との戦争や植民地支配の歴史を常に心に刻むべきであることは言うまでもない。

原発事故や核廃棄物の投棄は国境を越えて地球を汚染する。放射性物質、とりわけプルトニウム管理の透明性を国際的に確保すること、そして、原子力技術の「民主・自主・公開」の原則順守を強く求める。

50年近い歳月を生き抜いてきた被爆者は未来への思いを込めて被爆者援護法の実現を何よりも待ち望んでいる。今こそ内外の被爆者に対し、国家補償の精神に基づく画期的な方策が講じられねばならない。

人類は戦争の恐怖に脅えることなく、飢えと貧困に苦しむことなく、また、差別と偏見に身をさらすことのない社会の実現を目指して歴史を切り開いてきた。私たちは原爆や戦争を通して、若い世代に理想の世界像を語り継いでいきたい。

本日、ここに被爆49周年の平和記念式典を迎え、原爆犠牲者の御霊《みたま》に心から哀悼の意を表するとともに、市民の力を結集して平和を構築していく決意を表明する。

＊

〈広島市コメント〉原爆ドームの世界遺産化の意味／核拡散防止条約の無期限延長に反対

〈中国新聞8月7日付朝刊一面の見出し〉被爆者援護法 今こそ／広島被爆49周年祈念式 平岡市長が平和宣言／原爆は国際法違反／全核保有国に即刻全廃訴え◇首相、法制化に慎重／援護法／式典後会見 具体的道筋示さず

平成5(1993)年　通算46回目

広島市民にとって忘れることのできない8月6日が巡ってきた。48年前、この地に現出した地獄絵図を思い起こしながら、私たちは改めて世界の人々の良心に、核兵器の開発・保有は人類に対する罪であることを、強く訴える。

広島・長崎の悲劇以後、今日まで核兵器は使用されなかったし、誤って爆発することもなかった。だが、今後もそうである、との保証はない。

最近、米国、ロシア、フランスは相次いで核実験の停止期間を延長した。一歩前進とはいえ、核兵器はなお地球上に大量に蓄積され、人類の生存を脅かしている。

それゆえ、4月の国連NGO軍縮特別総会でも提唱した通り、1995年に期限が切れる核拡散防止条約を、無期限の条約にしようとする核保有国の動きに、私たちは強い危惧の念を表明する。この条約が果たしてきた役割は大きかったが、その無期限の延長は、核兵器を持つ国と持た

ない国との関係を不安定にするだけでなく、核兵器廃絶の願いに反するからである。いま、朝鮮半島など各地域で核兵器をめぐる不透明さが世界に不安を醸し出している。核兵器保有国は、当面、包括的核実験禁止を同条約に並行させるとともに、少なくとも今世紀のうちに、すべての核兵器を完全に廃棄するよう、期限をつけた目標を世界に示すべきである。

原発事故や核廃棄物投棄による地球環境の汚染を、これ以上広げてはならない。技術の進歩が著しい原子力平和利用についても、安全最優先の見地から放射性物質、とりわけプルトニウムの国際管理体制を確立し、国家を超えて、その透明性を確保することが急務である。

広島でのアジア競技大会開催を来年秋に控え、私たちはアジアの人々の日本に対する思いに深い関心を抱いている。日本がかつての植民地支配や戦争でアジア・太平洋地域の人々に苦難を与え、その心に今も深い傷を残していることを私たちは知っており、率直に反省する。特に、隣国の朝鮮半島に住む多くの原爆被爆者がたどった戦後の足跡を思うとき、私たちの心は痛む。これらアジア・太平洋地域の人々との末永い友好を築くためには、いまだに清算されていない、いわゆる戦後処理問題に速やかな決着をつける日本政府の決断が不可欠である。

いま、広島では「第3回世界平和連帯都市市長会議」を開き、核兵器と戦争のない世界へ向けて国際世論の結集を図るとともに、多様な行動の可能性を探る討議を重ねている。

原子爆弾の非人間性を身をもって経験した内外の被爆者は年ごとに老いていく。被爆後半世紀を迎えようとしている今日、国家補償の精神に基づく、物心両面にわたる画期的な援護対策の確立を急がなければならない。

同時に、若い世代へ歴史を通して原爆や戦争を語り継ぐ教育も充実されなくてはならない。平和の創造を阻むものは、心の荒廃である。

ここに被爆48周年の平和記念式典を迎え、原爆犠牲者の御霊《みたま》に心から哀悼の意を表し、恒久平和の実現に向け、ヒロシマの世界化を一層おし進めることをお誓いする。

*

〈広島市コメント〉 核拡散防止条約の無期限延長の動きに対する危惧／戦後処理問題に速やかな決着をつけるよう日本政府に決断を求める

〈中国新聞8月7日付朝刊一面の見出し〉 戦後処理へ　政府は決断を／被爆48周年祈念式　広島市長平和宣言／アジアと友好促進／核兵器完全廃棄求める◇平和宣言　全文

平成４（１９９２）年　通算45回目

広島が一発の原子爆弾で壊滅し、数知れぬ市民が犠牲となったあの日から、47年の歳月が流れた。きのこ雲の下、目を覆う惨状を呈した広島を、私たちは決して忘れることができない。以来、その記憶を胸に、私たちは、世界がヒロシマを二度と繰り返さないよう、核兵器の廃絶と世界恒久平和の確立を訴え続けてきた。

しかし、核実験は今なお続いている。国家の安全保障を核兵器という力に依存する核抑止論を、ヒロシマは絶対に容認することができない。核兵器だけでなく、生物化学兵器などの大量破壊兵器は、長年にわたって多量に蓄積され、人類の未来に暗い影を落としている。

ソ連邦の消滅を軸に激動する世界は、いま歴史的な転換期に立たされている。東西の冷戦構造が崩れ、米国とロシアが核兵器の大幅削減に合意したとはいえ、人類は融和への道を歩むか、対立・抗争を繰り返すか、選択の岐路にある。

核兵器の拡散、核開発技術の流出は断じて防がなければならない。核査察制度の確立、核弾頭の解体に伴う放射性物質の安全な処理も緊急の課題である。

今年６月、念願であった国連軍縮広島会議の開催が実現した。ヒロシマは、核兵器を廃絶する手だてとして、核実験の即時全面禁止、核兵器の実態の公表、被爆50周年にちなむ第4回国連軍縮特別総会の開催、そして、アジア・太平洋地域での信頼醸成と核軍縮の討議の場を広島に常設すること――などを提案した。これらの考え方が国連の内外で真剣に討議され、一日も早く実現するよう期待する。

今日、核兵器による人類絶滅の危機に加えて、地球環境の破壊も人類の生存を脅かしつつある。私たちは、安全で快適な生存の条件を守るために、人種や民族を超えた「人間」としての自覚を強め、平和を創造してゆきたい。

そのために、ヒロシマは世界の平和都市連帯を一層推進し、幅広い友好と協力関係を築き上げる。さらに、世界の核被害者救済を一段と充実させたい。

過去の戦争や植民地支配で、わが国はアジア・太平洋地域の人々に大きな苦しみと深い悲しみを与えた。私たちは、その痛みを自らの痛みとすることによって、未来へ向けて相互の絆をより強めなければならない。道義こそ信頼の源となるからである。

きょう被爆47周年にあたり、謹んで原爆犠牲者の御霊《みたま》に哀悼の誠を捧《ささ》げるとともに「過ちは繰り返さない」ことをお誓いする。同時に、平和の礎となった原爆死没者と、高齢化し、今なお放射能障害に苦しむ被爆者のために、政府はその責任において被爆者援護法を制定するとともに、外国に住む原爆被爆者の援護に乗り出すよう強く求める。

核兵器を廃絶し、新しい平和秩序を生み出す道は険しく、なお遠い。今こそ、一人ひとりが偏見や憎悪を棄て、平和を担う力を身につけなくてはならない。私たちは日本国憲法が掲げる不戦の理念を守り、若い世代に原点・ヒロシマを伝え続けたい。ここに、改めてその決意を表明する。

＊

〈広島市コメント〉核抑止論の明確な否定／国連軍縮広島会議の報告

〈中国新聞8月7日付朝刊一面の見出し〉アジア連帯 ヒロシマの役割／被爆47周年平和祈念式／核抑止論 認めない／平和宣言　次世代へ「原点」継承

平成3（1991）年　通算44回目

8月6日のきょうは、広島市民にとって悲しく、つらい日である。そして、平和への決意を新たにする日であり、世界の人びとに記憶し続けてほしい日である。

46年前のきょう、広島は一発の原子爆弾によって壊滅し、数知れぬ命が失われた。それは人類が初めて体験した核戦争であった。ヒロシマはその体験から、核戦争は人類の絶滅につながることを知り、苦しみや憎しみを乗り越えて、絶えず核兵器の廃絶と世界恒久平和の実現を訴え続けてきた。

人類はきょうまで、かろうじて核戦争は回避してきたが、無謀な核実験の続行や原子力発電所の事故などで、放射線被害が世界の各地に拡がりつつある。もうこれ以上、ヒバクシャを増やしてはならない。

ヒロシマはいま、新たにチェルノブイリ原発事故の被害者らに医療面からの救援を始めたが、ヒバクシャはぼう大な数にのぼっている。ヒロシマは国際的な救援を世界に訴え、その先頭に立ちたいと思う。

先のイラクによるクェート侵攻は決して許されるべきことではない。しかし、湾岸戦争は、多くの死傷者や難民を続出させたうえに、地球の破滅を招きかねない環境破壊をもたらした。私たちは、武力によることなく紛争を解決する道を確立しなければならない。

日本はかつての植民地支配や戦争で、アジア・太平洋地域の人びとに、大きな苦しみと悲しみを与えた。私たちは、そのことを申し訳なく思う。ことしは、太平洋戦争が始まって50年に当たる。私たちは、真珠湾攻撃から広島・長崎への原爆投下に至る、この戦争の惨禍を記憶し続けなから、世界の平和をあらためて考えたい。

平和とは単に戦争のない状態を言うのではない。私たちは、飢餓、貧困、暴力、人権抑圧、難民生活、地球環境破壊など、平和を脅かすあらゆる要因を取り除き、人間が安らかで豊かな生活のできる、平和の実現に努力したい。

世界は冷戦後の新世界秩序の模索を始めている。核軍縮にも大きな進展がみられた。平和への重い扉は少しずつ開き始めた。それを開けるのは私たち一人一人の英知と努力である。

ヒロシマは世界に訴える。

核実験を直ちに全面禁止し、核兵器を一日も早く廃絶しよう。

戦争の空しさと愚かさ、平和の尊さを自覚し、人類の幸せを実現しよう。

ヒロシマの訴えは人類生存への叫びにほかならない。世界の指導者は、この声に耳を傾けてほしい。

私たちは、国際協力のあり方を真剣に考え、世界平和に貢献しなければならない。日本国憲法の平和理念を遵守《じゅんしゅ》し、平和の尊さを教える教育を推進しなければならない。国家補償の精神に基づいた被爆者援護法を速やかに実現しなければならない。朝鮮半島や米国など海外在住の被爆者にも、援護の施策を講じなければならない。これらの実現のため、日本政府の一層の努力を求める。

きょう、被爆46周年の平和記念式典を迎え、原爆犠牲者の御霊《みたま》に心から哀悼の意を表するとともに、平和への不断の努力を市民の皆様とともにお誓いする。

＊

〈広島市コメント〉アジア・太平洋地域の人々への謝罪（95年まで毎年）／初めて「被爆者援護法」という表現を使用／初めて「ヒバクシャ」という表現を使用／湾岸戦争を憂慮

〈中国新聞8月7日付朝刊一面の見出し〉ヒバクシャ救援の先頭に 平岡市長 平和宣言／広島被爆46周年 平和祈念式／アジアに対し謝罪／国際貢献へ新たな歩み◇国際的に医療協力／首相会見 蓄積・経験生かす

元市長 平岡敬氏に聞く

１９９１（平成3）年2月から99（平成11）年2月まで、広島市長を2期8年務めた広岡敬氏に「平和宣言」について聞いた。（２０２１年12月＝聞き手・早稲田大学出版部 谷俊宏）

――市長に就任した年の1991年に発表した「平和宣言」は、先の戦争と植民地支配に関し、

アジア・太平洋地域に対する謝罪の言葉を盛り込みました。歴代市長で初めてのことでした。

平岡　市長に就任する前から１９９４年10月に広島市でアジア競技大会が開催されることが決まっていました。アジアの各国・地域から選手団や関係者を迎え入れるに当たっては、広島とアジアの関係を考えなければなりません。特に中国と韓国の人々は、広島への原爆投下によって日中戦争と植民地支配が終わったと理解し、原爆投下を自由独立への解放の手段と肯定してきた経緯があります。また多くの朝鮮半島出身者が被爆しています。そうした人々を広島市に迎え入れるには、まず自分たちが反省しなければならない。自分たちの被害だけを訴えるのではなく、自分たちの加害にも目を向けるということです。

わたしは17歳まで、家族の事情により朝鮮半島で多くの年月を過ごしました。わたしは朝鮮半島からの引き揚げ者の一人です。大学を経て地元の新聞社と放送局に勤め、その間、朝鮮人被爆者の実態を報じてきました。アジアの人々を本当の意味で「隣人」として受け入れるには、良いことも悪いことも「隣人」に伝え反省し、「隣人」として接する必要がありました。１９５１年3月、インドの首相ネルー氏の提唱によりニューデリーで開かれた初のアジア競技大会に、日本の選手団が招かれました。日本が52年４月のサンフランシスコ平和条約発効により国際社会へ復帰を果たす一年前の出来事です。中国と韓国は参加しなかったものの、日本はアジアの「隣人」

として戦後初めて迎え入れられました。国際社会から孤立していた日本に温かい手を差し伸べてくれた。その恩義に誠実さ、正直さをもって心から返礼をしたいと考えました。それは道義につながり、信頼を培うはずだと信じました。

――謝罪の言葉を「平和宣言」に盛り込んだことで大きな反響がありました。

平岡　１９９１年7月29日に「平和宣言」の骨子を記者発表しました。報道各社は「平和宣言にアジアへの謝罪を盛る」と大々的に報じました。右翼の街宣車が広島市役所に次々とやって来ました。「英霊を侮辱するのか」「先の大東亜戦争はアジア解放の戦争である」。拡声器の大音量と威嚇により、行政に支障をきたすほどの騒ぎとなりました。わたしには警察の警護が付きました。自宅にも街宣車が押しかけました。前年の90年1月、長崎市長の本島等氏が右翼団体の幹部に銃撃され、重傷を負いました。市議会で「(昭和天皇にも) 戦争責任はあると思う」と発言したことが引き金でした。わたしも襲撃されるかもしれないと覚悟を決めていました。言論の自由が保障されているはずの日本で、言論が封じられる恐れについて身をもって経験しました。

――アジアへの謝罪を盛り込んだ「平和宣言」は１９９５年が最後となります。96年以後、な

ぜ、謝罪の意が「平和宣言」から消えたのでしょうか。

平岡　１９９５年８月15日の戦後50年の節目に、当時の首相・村山富市氏が「いわゆる村山談話」と称される談話を発表しました。そこには「わが国は、遠くない過去の一時期、国策を誤り、戦争への道を歩んで国民を存亡の危機に陥れ、植民地支配と侵略によって、多くの国々、とりわけアジア諸国の人々に対して多大の損害と苦痛を与えました」「ここにあらためて痛切な反省の意を表し、心からのお詫びの気持ちを表明いたします」と記されています。これらの反省とお詫びの気持ちは国民の総意であるとわたしは受け止めました。ですから、自治体の首長がアジア・太平洋地域への謝罪についてあらためて発言する必要はないと考えました。しかし、その後、村山談話を否定する政治家の声が大きくなっている状況を考えるとき、謝罪を言い続けるべきでした。

戦争を指導・遂行したとして処罰されたA級戦犯が合祀されている靖国神社を、閣僚ら日本の指導者が８月15日に繰り返し参拝したり、供物を奉納したりしています。そのたびに中国や韓国が批判・反発し、アメリカは不快感をあらわにしています。日本における戦争の芽を警戒しているわけです。「言い続けること」「記録し続けること」「記憶し続けること」の大切さを思い浮かべるならば、アジア・太平洋地域への謝罪は、広島市として、市長としてずっと発信すべきだったと思います。

――「平和宣言」をまとめるに当たり、心を傾けたことは何でしょうか。

平岡　まず亡くなられた人々への慰霊があります。「無念の死」を強いられた人々が安らかに眠られるようにと、祈る気持ちが初めにあります。原爆の投下により瞬く間に亡くなった人がいれば、原爆症で何年も苦しんだ末に亡くなった人がいます。8月6日に開かれる広島市の平和祈念式典の会場は平和記念公園です。そこは原爆投下前、多くの市民が行き交う市内有数の繁華街でした。被爆死した人々の骨や肉や血が埋まっています。もちろん、戦後に回収できなかったものので、公園の芝生やコンクリートの下に眠っているわけです。ですから死者は今もそこにいます。公園に足を踏み入れるたび、死者はわたしを、わたしたちを、日本を、アメリカを許してくれているだろうか、と考えさせられます。彼ら彼女らを弔うには、戦争を否定すること。核兵器を廃絶すること。そして原爆投下を生き延びた被爆者の援護を拡充することです。これらのことを「平和宣言」には必ず盛り込みました。それは生きる者の務めです。

「死」は「生」とつながっています。わたしたちの「生」が「死」によって試されているわけです。逆に生き残った被爆者は「殺され続けている」と言っていいでしょう。漫画家こうの史代さんの作品『夕凪の街　桜の国』にこんな場面があります。原爆症のために１９５５年９月、23歳で亡くなる女性のせりふです。「十年たったけど／原爆を落とした人はわたしを見て／『やった！　またひとり殺せた』／とちゃんと思うてくれとる？」。戦争がなければ、原爆が投下されなければ、別の人生を歩めたはずの被爆者は彼女だけではありません。32万９千人がそうでした。今も、全国の被爆者12万７千人が殺されつつあると言っているのです。まさしく「非業の死」です。

――「平和宣言」は理想主義に偏っているとの批判があります。

平岡　核兵器によって世界の平和と安定が保たれている。アメリカの核の傘の下にいるから日本は安全だ――と本気で考える人は、この世界を良くしようと思わない人ではないでしょうか。核戦争が起きれば人類は絶滅する。小型化した戦術核兵器を使っても、報復の連鎖により広島・長崎以上の惨禍となる。広島と同じ苦しみ、憤り、悲しみ、惨めさ、諦めを二度と繰り返してはならないというのが被爆者の声。そして被爆死した人の叫びです。人々を皆殺しにする大量破壊兵器で相手を威嚇し続けることが、どんなに非人道的で残虐か。核兵器をちらつかせ、仮想敵国の市民一人ひとりを人質にしていることが、どんなに反道徳的で非倫理的か。

「平和宣言」が〝核抑止力〟の考えを肯定し、現状追認に走るなら「平和宣言」の意味も価値もなくなる。わたしにとって「平和宣言」は理想に近づくための階段です。力を振り絞り一歩一歩、階段を上る。だから何度でも言う。核を捨てろ。核を作るな。核を持つな。核実験をやめろ。核の傘の下から出ようじゃないか。核抑止論は非現実的です。石油や食料を輸入に頼り、海岸に54基の原子力発電所を並べている日本は、戦争ができない国です。平和外交に徹するしかありません。

――1994年と95年の「平和宣言」では、核兵器は国際法違反であると訴えました。

平岡　記者時代に、兵庫県芦屋市の弁護士、岡本尚一さんが提起した「原爆裁判」について取材しました。戦争に勝ったからといって、重大な国際法違反が見逃され、責任を問われないという不公正は正義のために許せない――が彼の主張でした。初めはアメリカを訴える方針でした。しかし、サンフランシスコ平和条約により賠償問題は決着済みとする理由から、アメリカから日本政府への損害賠償を求める訴えに切り替えました。1955年4月のことです。原告は被爆者5人。63年12月、東京地裁は原告の訴えを退けたものの、残虐な爆弾を投下した行為は、不必要な苦痛を与えてはならいという戦争法の基本原則に違反しているとの判断を下しました。広島と長崎への原爆投下が「国際法に違反する」ことが初めて明らかになった瞬間でした。それからちょうど30年後、世界保健機関（ＷＨＯ）が、核兵器使用の違法性をめぐり国際司法裁判所（ＩＣＪ）に諮問したのがきっかけで、国際法違反の問題が国際社会でクローズアップされました。「平和宣言」はこれらの動きを反映しています。

わたしは95年11月、政府の陳述人として伊藤一長・長崎市長（当時）と共にＩＣＪへ出廷し、核兵器による被害は国際法が使用を禁じているどの兵器よりも残酷で非人道的であると訴えました。これを受け、ＩＣＪは翌年７月「核兵器の使用と威嚇は一般的に国際法に違反する」とした勧告的意見を出しています。核兵器の開発から実験、使用、使用の威嚇などまでを禁止した核兵器禁止条約が２０２１年１月発効したのは、これらの延長だとわたし自身は考えています。

――被爆５年後の１９５０年代に入ると、被害の風化が言われ始めます。復興への期待と風化の不安がせめぎ合うようにも受け取れます。

平岡　被爆建物や戦争遺跡が姿を消すのに合わせて、記録と記憶が薄れていく。周りに被爆者がいるのにもかかわらず、顧みられない。それは日本の敗戦直後から始まっています。被爆者の平均年齢は80歳を超えました。彼ら彼女らが亡くなれば風化は終わるのでしょうか。原爆ドームは、平和への意志を鍛えるヤスリだとわたしは言ってきました。同様に被爆者やその伝承者、被爆建物は風化にあらがう意志を鍛えるヤスリです。記憶は過去と未来の接点です。現在は最も大切です。過去は何より大切です。未来は絶対に大切です。同じ過ちを繰り返さないために、記憶と記録は未来に継承されなければいけない。被爆者一人ひとりが原爆投下直後から自らの生をどう生き抜いたのか。家族との死別があり、生活苦があり、差別と偏見に苦しんだ。被爆者が背負わされてきたものすべてを、わたしは「被爆体験」と呼んでいます。平和記念公園にある原爆死没者慰霊碑には「安らかに眠って下さい　過ちは繰返しませぬから」と刻まれています。この過ちについてぜひ一緒に考えてください。過ちは何か。だれが、いつ、どこで、なにを、なぜ、どのように誤ったのか。日本の戦争責任、米国の原爆投下責任を含めて、正しい歴史認識を持たない限り、過ちを繰り返す恐れがあります。

――「核兵器なき世界」をどう考えますか。

平岡　広島に原爆が投下されて広島はこう変わったんだ。日本はこう変わったんだ。新しい人間が、新しい人間像が、そこからこう誕生したんだと胸を張って示すことは、残念ながらできなかったように思います。かつてヨーロッパで講演したとき、人類初の経験によって新しい人間像、新しい世界観、新しい都市像を広島の人たちは創り出したのかと聞かれました。答えに窮しました。あれからずっと「被爆体験」を思想にまで高めなければいけないと感じています。戦争、核兵器、人権抑圧、差別、飢餓、貧困、地域紛争、環境破壊などの問題をすべて乗り越え、人間が人間らしく生きられる都市を創る。その担い手となる人間を育てる。そこでは誰もが幸せである。「核なき世界像」です。被爆者も原爆戦没者も、それを一番に望んでいるはずです。

第4章
平和宣言

荒木武市長
（1990～1975年）

「平和宣言」を読む荒木氏（1977年 8 月 6 日＝広島市提供）

平成2（1990）年　通算43回目

あの日、一発の原子爆弾が、一瞬のうちに広島をこの世の地獄に陥れた。

無残にも、尊い人命が数知れず喪われ、辛うじて生き残った者も、放射能の恐怖に苛《さいな》まれる日が続いている。

この45年の間、ヒロシマは、被爆の苦悩の中から、戦争の過ちを繰り返さないとの決意のもとに、世界恒久平和を願い、核兵器廃絶と戦争の否定を訴えて来た。今や、ヒロシマの悲願は人類の悲願である。

長かった不信と対立の歴史にも、漸《ようや》く信頼と協調の兆しが見え始めた。

東西対立の象徴であったベルリンの壁が取り払われ、冷戦体制は終焉《しゅうえん》に向かい、新たな世界平和秩序が模索されており、人類は新しい歴史への一歩を踏み出した。

米ソ両首脳は、本年6月、戦略核兵器の実質的削減に合意するとともに、なお一層の核軍縮を目指す交渉の開始も取り決めた。また、化学兵器廃絶に向けての協定が調印され、通常戦力削減についても早期の達成が約定された。こうした、人類の運命が破滅から生存へと転じる軍縮の流れを、ヒロシマは、高く評価する。核保有国は世界の世論に応え、即刻、核実験の全面禁止に踏み切り、核兵器廃絶への道を急ぐべきであり、各国は全面完全軍縮への更なる努力を行うべきである。

日本政府は、緊張緩和の動向を踏まえ、日本国憲法の平和主義の理念に基づき、軍事費を抑制し、国是とする非核三原則の空洞化を阻止するための法制化を実現させ、率先してアジア・太平洋地域の非核化と軍縮に努めるとともに、世界の平和秩序を構築するため、積極的な外交政策を展開しなければならない。

本年3月、原爆ドーム保存工事が、国の内外から寄せられた多くの浄財と平和への熱い思いに支えられて、完成した。広島平和記念資料館の来館者は、初めて一年間に１５０万人を突破するに到った。核兵器廃絶を求める世界平和都市連帯推進計画に賛同する都市も50か国、２８７都市に達した。これらの事実は、強く平和を願う多くの人々の意志を示すものである。

本日は、ここ広島において、女性国際平和シンポジウムを開催し、平和の実現や核兵器廃絶のために、女性が果たすべき役割を討議する。

ヒロシマは、今後とも、原爆被害の実相を世界に知らせるとともに、核軍縮に向けての国際世論を高めるため、国際的な平和研究機関の設立を推進する。

ここに、ヒロシマは訴える。

核実験を即時全面的に禁止し、核兵器を廃絶することを。

米ソを始めとする核保有国は、40数年間にわたって強行した核実験の被害の全貌を明らかにするとともに、速やかに、環境や住民被害への対策を講じることを。

世界の指導者をはじめ、次代を担う青少年が広島を訪れ、被爆の実相を確認することを。

ヒロシマはまた、飢餓と貧困、人権抑圧と地域紛争、難民、地球環境破壊等のため、苦難に喘《あえ》ぐ人々にも思いを致し、国際協力により、これらの問題が一日も早く解決されるよう切望してやまない。

本日、被爆45周年の平和記念式典を迎え、原爆犠牲者の御霊《みたま》に、衷心より哀悼の誠を捧《ささ》げるものである。ヒロシマは、日本政府が、原子爆弾被爆者実態調査の結果を生かし、国家補償の理念に立った画期的な被爆者援護対策を早急に確立するよう強く求める。また、朝鮮半島や米国等に在住する被爆者の援護が、積極的に推進されるよう心から念願するとともに、平和への決意を新たにするものである。

＊

〈広島市コメント〉 核軍縮の評価と要望／非核三原則の法制化／アジア・太平洋地域の非核化／初めて外国人被爆者の援護に言及

〈中国新聞8月7日付朝刊一面の見出し〉 海外ヒバクシャ救援訴え 広島被爆45周年／被害の全容明かせ／荒木市

長 平和宣言 非核三原則 法制化を◇「援護法」に消極的／首相会見 弔意問題は年内に結論

平成元（１９８９）年　通算42回目

「安らかに眠って下さい　過ちは繰返しませぬから」―焦熱地獄を身をもって体験したヒロシマは、この悲願に立ち、核兵器が人類とは共存し得ないことを、一貫して警告し続けて来た。ヒロシマの訴えは、世界の世論を喚起し、人類は核兵器の廃絶と恒久平和確立を目指し、胎動《たいどう》を始めた。

米ソは中距離核戦力全廃条約の締結に続き、戦略核兵器の削減に向け、交渉を積み重ねている。更に、短距離核戦力や通常軍備の軍縮提案が打ち出されている。その底流には、軍縮を志向する世界世論の大きな歴史的高揚がある。今や、戦後政治を支配した米ソを頂点とする東西の冷戦構造に崩壊の兆しが見え、新たな国際平和秩序が模索され始めている。人類は輝かしい未来に向って、今こそ、この好機を生かさなければならない。

日本政府は、日本国憲法の平和主義の理念に立ち帰り、緊張緩和の動向に逆行することなく、軍事費の抑制に努め、世界の恒久平和実現のため、先導的な役割を果たすべきである。何よりもまず、アジア・太平洋地域の国際的非核化の実現に向けて、関係諸国の協力のもとに、積極的な平和外交を展開しなければならない。また、沖縄近海での米軍水爆搭載機水没事件の徹底解明に努めるとともに、国是とする非核三原則の空洞化を阻止する方策を樹立し、その厳守を米国政府に強く要請しなければならない。

広島市は、本年、市制施行百周年、「広島平和記念都市建設法」施行40周年を迎えた。この意義ある年に、今ここ広島で「第2回世界平和連帯都市市長会議」を開催している。世界30数か国、約130都市の市長らが、体制の違いや国境を乗り越えて相集い、「核兵器廃絶を目指して——核時代における都市の役割」を基調テーマに、活発な討論を交わしている。

10月には、「核戦争防止国際医師会議」の第9回世界大会が、「ノーモア・ヒロシマ　この決意永遠に」をテーマに、広島市で開催される。

去る4月に、日本で初めて京都市において「国連軍縮会議」が開催された。その参加者が被爆地広島を訪れ、核兵器がもたらした被害の実相に触れ、その凄《すさ》まじさを改めて認識し、核兵器廃絶への思いを強くした。

時恰《ときあたか》も、核兵器による人類絶滅の危機を警告し続けてきた原爆ドームの保存募金には、国の内外から大きな反響が寄せられている。原爆資料館の昨年度の入館者数が145万人を超え、過去最高を記録した。これらの事実は、「ヒロシマの心」が着実にひろがっている証左である。

ヒロシマは、人類の共存共栄に基づく新しい世界秩序が実現されるまで、国の内外に警鐘を打ち鳴らして行かなければならない。

ヒロシマは、世界の人びとと痛みを共に分かち合い、飢餓、貧困、人権抑圧、地球環境破壊等で苦境に喘《あえ》ぐ人びとに深く思いをいたし、早急な解決が図られるよう関係諸国に切望してやまない。

ヒロシマは重ねて訴える。

核実験を即時全面的に禁止し、核兵器を廃絶することを。

世界の指導者をはじめ、次代を担う青少年が広島を訪れ、被爆の実相を確認することを。

広島に平和と軍縮に関する国際的な研究機関を設置することを。

本日、被爆44周年の平和記念式典を迎えるに当たり、原爆犠牲者の御冥福を衷心《ちゅうしん》よりお祈りするものである。被爆者の高齢化が進む現状に鑑み、国家補償の理念に立った被爆者援護対策が、一日も早く確立されるよう、日本政府に強く要求するとともに、平和への不屈の努力を誓うものである。

＊

〈広島市コメント〉「第2回世界平和連帯都市市長会議」開催報告

〈中国新聞8月7日付朝刊一面の見出し〉アジア・太平洋非核化を／広島被爆44周年／軍事費抑制が急務／荒木市長 平和宣言 軍縮のうねり評価◇「今世紀中に核兵器全廃」／「広島アピール」を採択／平和都市会議

昭和63(1988)年　通算41回目

ヒロシマ―それは、核兵器廃絶を実現し、世界恒久平和を求める人類悲願の象徴である。43年前の、あの焦熱地獄が、今さらのように脳裡に蘇《よみがえ》ってくる。「ヒロシマを再び繰り返すな」―このヒロシマの訴えは、核兵器の恐怖に曝《さら》された者の魂の叫びである。

いま、ヒロシマの訴えは世界に広がり、国際世論は、対決から対話へ不信から友好へと、国際政治を変えようとしている。

このたび、米ソ両国において、「中距離核戦力全廃条約」が締結されたことは、人類絶滅の危機から生存の道へと、未来への展望を与えるものであり、包括的核軍縮に向けての歴史的第一歩として評価する。しかし、その量は僅少《わずか》であり、地上はおろか、海洋から宇宙までもが核戦略の場《にわ》となっている現実も見逃すことはできない。

こうしたさ中、第3回国連軍縮特別総会が開催され、広島市長は世界の恒久平和を願う「ヒロシマの心」を強く訴えた。世界平和連帯都市市長会議理事都市の市長も同席した。いまや、「世界平和都市連帯推進計画」は、40か国、２２８都市の賛同を得、着実なひろがりのもとに、核兵器廃絶に向けて、国際世論醸成の新しい潮流となった。

軍縮総会は、過去最多の政府首脳と非政府組織の代表が参加して行われ、核実験禁止や核不拡散について具体的な議論を尽しながらも、関係国が自国の利害に固執するあまり、世界の包括的軍縮への展望を示す最終文書の採択に至らなかったことは、極めて遺憾である。

ヒロシマは主張する。核兵器廃絶こそが人類生存の最優先課題であり、逡巡《しゅんじゅん》は許されない。いまこそ、国連の平和維持機能を強化し、活性化することを各国に強く要請するとともに、今後、国連主催による平和と軍縮の会議が被爆地広島で開催されることを望むものである。

本日、ここ広島において、姉妹・友好都市の青年による「国際平和シンポジウム」を開催し、「ヒロシマの体験」を継承すべく、市民とともに討議する。さらに、来年8月には、「第2回世界平和連帯都市市長会議」を広島・長崎両市で開催し、連帯の絆を強固にする。その10月には、「第9回核戦争防止国際医師会議世界大会」が広島市において開催され、ノーモア・ヒロシマの決意を新たにする。

ヒロシマは、21世紀に向かって、限りない人類未来のために警鐘を打ち鳴らし、世界平和構築のために国際世論の喚起を一層盛り上げる決意である。

ヒロシマはここに改めて訴える。

核実験を全面的に禁止し、核兵器を廃絶することを。

世界の指導者をはじめ、次代を担う青少年が広島を訪れ、被爆の実態を確認することを。

広島に平和と軍縮に関する国際的な研究機関を設置することを。

ヒロシマはまた、飢餓、貧困、人権抑圧、地域紛争等で苦難に喘《あえ》ぐ人びとに思いをいたし、早急な解決が図られるよう関係諸国に切望してやまない。

日本政府は、日本国憲法に謳う平和理念の現代的意義をふまえ、非核三原則堅持のもとに、世界平和に貢献する積極的な施策を講じるべきである。さらに、長年にわたり求め続けてきた、国家補償の精神に立脚した被爆者援護対策が早期に確立されるよう強く要求するものである。

本日、被爆43周年の8月6日を迎え、謹んで原爆犠牲者の御冥福をお祈りするとともに、世界恒久平和への弛みない努力を固く誓うものである。

＊

〈広島市コメント〉第3回国連軍縮特別総会の成果報告
〈中国新聞8月7日付朝刊一面の見出し〉被爆43周年 平和祈念式／「ヒロシマの世界化」急務 荒木市長 平和宣言

／軍縮会議、被爆地で／海・宇宙　核軍拡に危機感

昭和62（１９８７）年　通算40回目

ヒロシマは、あの被爆の惨禍から、国際平和文化都市として再生し、ひたすら核兵器廃絶と、世界の共存と繁栄を訴え続け、ここに、42年目の8月6日を迎えた。

「安らかに眠って下さい　過ちは繰返しませぬから」この原爆死没者慰霊碑の碑文は、犠牲者への慰霊と、過去・現在・未来にわたる全人類への誓願《ちかい》であり、戒律である。このことに、改めて思いを致し、「ヒロシマの心」の世界化のため、われわれは、ねばり強い行動を展開しなければならない。

本日、核保有国の代表的ジャーナリストによるシンポジウムをここ広島で開催し、核兵器廃絶の更なる国際世論の醸成を図る。昭和64年には再び広島・長崎両市において世界平和連帯都市市長会議を開催し、都市と市民との連帯の輪をひろげる。核戦争防止国際医師会議も、同じ年に、広島で開催され、核兵器のない安全な世界が探求される。

一方、未来を担う青少年への被爆体験の継承がますます重要となっている。ここ10年間、日本

全国からヒロシマを訪れる児童・生徒が5百万人にも達し、自らが被爆の実相に触れ、生命の尊厳を学んでいることは、大きな希望である。

然《しか》るに、核戦略は宇宙空間にまで拡大され、「力の哲学」と「恐怖の均衡」が依然として世界を支配し、地球自滅の危機を高めつつあることは、まことに憂慮に堪えない。

核時代の今日においては、人類の英知を結集して、対決から対話へ、不信から友好へと、国家間の対立を乗り越え、世界の恒久平和確立への大道を切り拓かなければならない。

こうした時、東西両陣営が米ソの欧州中距離核ミサイル廃絶の方向で同意したことは、核兵器に反対する幅広い国際世論の成果であり、ヒロシマは、その交渉の進展に強い期待をかけるものである。

また、飢餓・難民・人権抑圧も緊急な解決が望まれる。

折しも、本年は、国連軍縮週間創設10周年を迎え、来年は、第3回国連軍縮特別総会が開催される。ヒロシマは、その実りある成果を切望してやまない。

ヒロシマは、重ねて訴える。

核保有国は、直ちに核実験を全面的に停止することを。

米ソ両国は、首脳会談を開催し、全面的核軍縮条約を早期に締結することを。

世界の指導者は、被爆地広島を訪れ、直接、被爆の実態を確認することを。

日本政府は、唯一の被爆国として非核三原則を堅持し、憲法の平和理念に基づき、より積極的な平和外交を展開し、核兵器廃絶へ向けて先導的役割を果たすべきである。

本日、被爆42周年の平和記念式典を迎えるに当たり、原爆犠牲者の御霊《みたま》に心から哀悼の誠を捧《ささ》げるものである。老齢化が進む被爆者の実態をふまえて、国家補償の理念に立った被爆者援護対策が速やかに確立されるよう、日本国政府に強く要求するとともに、平和へのたゆみない努力を堅く誓うものである。

＊

〈広島市コメント〉国連軍縮週間創設十周年と翌年の第3回国連軍縮特別総会への期待

〈中国新聞8月7日付朝刊一面の見出し〉ヒロシマの心を世界に／荒木市長 平和宣言／被爆42周年 平和祈念式／米ソーＮＦ合意期待／老いる被爆者対策確立を◇「黒い雨」再調査示唆／首相会見　援護法は否定的見解

昭和61（1986）年　通算39回目

平和、それはヒロシマの悲願である。

41年前のあの日、広島は灼熱《しゃくねつ》の閃光《せんこう》と地軸を揺がす轟音《ごうおん》とともに壊滅した。この世ならぬ凄惨《せいさん》な生き地獄は、まさに、阿鼻叫喚《あびきょうかん》の巷《ちまた》であった。

その廃虚の中から起ち上がった広島は、再び過ちを繰り返させないため、ひたすら核兵器廃絶と世界の恒久平和を訴え続けてきた。

昨年、8月6日以降、ソ連が核実験を停止し、また、米ソ首脳会談が開催され、核軍縮の前途に曙光《しょこう》を見い出し得たかに思われた。しかし、核軍縮交渉は遅々として進まず、核兵器は質的、量的に増強され、核戦略は宇宙空間にまで拡大されようとしている。

この時起こったソ連のチェルノブイリ原発事故は、人びとを放射能の恐怖に陥れ、安全管理の国際協力に大きな課題を残すとともに、一国の事故が他国にも禍いを及ぼすことを知らしめ、世界は核時代の現実に慄然《りつぜん》とした。

加えて、局地戦争やテロ行為も多発し、飢餓、難民、人権抑圧の諸問題もきわめて深刻である。不幸にして凶弾に倒れた故パルメ・スウェーデン首相は、広島で階段の石に焼きつけられた人影を見て、「核戦争が起こればこの人影すら残らないだろう」と、人類の終末を予見した。

ノーベル平和賞を受賞した「核戦争防止国際医師会議」のメンバーが、本年6月広島を訪れ、被爆の実相に驚愕《きょうがく》し、核実験即時停止を強く訴えた。

本日、世界各地でヒロシマ・デーが開催され、メキシコでは、非同盟６ヵ国首脳が相集い、核軍縮を世界に訴える。

いまや、核兵器廃絶と平和を願うヒロシマの声は世界の世論である。逡巡《しゅんじゅん》は許されない。

核保有国は、直ちに核実験を永久に停止すべきである。人類生存の命運を握る米ソ両国は、世界最初の被爆地広島において首脳会談を開催し、核軍縮への具体的な方策を明示すべきである。

国連事務総長は、米ソ両首脳の広島訪問を積極的に働きかけるとともに、第３回軍縮特別総会を速やかに開催すべきである。

日本政府は、これらの実現に努め、憲法の平和理念に基づき、国是である非核三原則を厳守し、核兵器廃絶への先導的役割を果たすべきである。

時恰《ときあたか》も国際平和年。

ヒロシマは、ここに、「平和サミット」を開催し、核兵器廃絶と恒久平和実現への国際世論を喚起する。

再びヒロシマは訴える。

いまこそ、世界のすべての都市と都市、市民と市民が、国境を越え、思想、信条の違いを超えて、連帯の輪をひろげ、絆をより強固にすることを。

本日、ここに、平和記念式典を迎えるに当たり、われわれは、原爆犠牲者の御霊《みたま》に哀悼の誠を捧《ささ》げ、国家補償の理念に立った被爆者援護対策の確立を強く要請するとともに、平和への決意を新たにするものである。

＊

〈広島市コメント〉ソ連のチェルノブイリ原発事故に言及／人権抑圧問題に触れる

〈中国新聞8月7日付朝刊一面の見出し〉核兵器廃絶　世界の世論／荒木市長 平和宣言／被爆41周年 平和祈念式／米ソ首脳「広島会談」を／被爆者援護の確立も要求◇「援護法」に否定的／現行2法拡充　実態調査の結果待ち／厚相会見

昭和60（1985）年　通算38回目

ノーモア・ヒロシマ。

いま、ここに、40年目の暑い夏を迎えた。人類史上最初の核兵器による熱線、爆風、放射線が一瞬にしてこの地の生きとし生けるものを焼き尽くし、広島は瓦礫《がれき》の街と化した。

この廃墟に立ったわれわれは、その時、核兵器をもって争う戦争は、人類の破滅と文明の終焉《しゅうえん》に至るものであると予見し、核兵器の廃絶をひたすら訴え続けてきた。

ヒロシマのこの不断の努力にもかかわらず、核兵器は、ますます量的に拡大し、質的に高度化しつつ、実戦配備が進められ、まさに人類は核戦争の危機に直面している。

しかるに、核超大国の米ソは、本年３月、長い間中断していた核軍縮交渉をようやく再開はしたが、宇宙空間にまで展開した核戦略をめぐる交渉において相互にかけひきを繰り返し、遅々として進展が見られず、まことに憂慮に耐えない。

きょうの逡巡《しゅんじゅん》は、あすの破滅につながる。

ヒロシマの地獄を地球上に再現させないために、人類生存の命運をにぎる米ソ両国は、直ちに核実験を全面停止し、ジュネーブの首脳会談において全人類的見地から核兵器廃絶への英断を行うよう強く要請する。

唯一の被爆国として、日本政府は、国是である非核三原則を厳守し、核兵器廃絶への先導的役割を果たすべきである。また、原爆死没者調査が実施されるいまこそ、被爆の特異性にかんがみ、国家補償の精神に基づく画期的な被爆者援護対策の確立されんことを切望する。

被爆都市広島は、世界の恒久平和を誠実に実現しようとする理想の象徴として平和記念都市の建設に邁進している。この使命を担って、ここに、第一回世界平和連帯都市市長会議を開催した。平和を希求する世界のあらゆる都市が、国境を越え、思想・信条の違いを超えて連帯し、恒久平和確立への国際世論を喚起しようとするものである。

時あたかも、国際青年年に当たる。21世紀を担う世界の青少年が「ヒロシマの心」を受け継ぎ、連帯と友情の輪を広げ、平和の推進に努力することを期待する。

われわれは、一つの地球上に住む運命共同体である。共存なくして人類の存在はない。共栄なくして人類の未来はない。この緑の地球を核の冬から守るために、英知をもって不信と対立とを克服しなければならない。協調と相互理解の精神にたって、限りある資源を分かち合い、飢餓や貧困を根絶しなければならない。

ノーモア・ヒロシマ。

再び過ちを繰り返さないために、友好と連帯の絆《きずな》を強めようではないか。

本日、被爆40周年の平和記念式典に当たり、原爆犠牲者の御霊《みたま》を弔うとともに、ヒロシマは、一切の核兵器を拒否し、平和への限りない前進を誓うものである。

*

〈広島市コメント〉「世界平和連帯都市市長会議」開催を報告／国際青年年に当たり青少年への期待

〈中国新聞８月７日付朝刊一面の見出し〉広島被爆40周年／核廃絶 米ソに英断迫る／平和祈念式で荒木市長宣言／「世論の喚起へ連帯」／老いる被爆者、援護急務◇「各実験 即時停止を」／平和都市会議 広島アピール採択

昭和59（1984）年　通算37回目

８月６日―あの忘れ得ぬ日の一瞬の閃光《せんこう》と、身を焦がす灼熱《しゃくねつ》、地軸を揺るがす轟音《ごうおん》は、われわれの脳裡《のうり》に焼き付き、今もなお消え去ることはない。

言語に絶する原子爆弾の惨禍を体験した広島は、繰り返し、核兵器の廃絶と恒久平和の確立とを、訴え続けて来た。

しかるに、米・ソ両国は、相互の不信と憎しみをますますつのらせ、核抑止論の名のもとに、自らの安全確保への道を核軍備の増強に求め、戦略兵器削減交渉や、中距離核戦力制限交渉を中断したまま、核軍拡競争に狂奔している。

また、両国の高度に開発された中距離核ミサイルのヨーロッパ・アジア地域への配備や、宇宙空間にまで拡大された核戦略により、軍事的緊張は極度に高まり、世界は核戦争の脅威にさらされている。

ひとたび核戦争が起これば、勝者も敗者もなく、全人類は絶滅するのみである。

この危機に直面して、インド・スウェーデンを始めとする6か国首脳は、核兵器保有国に対し核軍縮を要請するなど、軍縮への世界各国の動きが活発化している。

また、核兵器反対の市民運動は大きな盛り上がりを見せ、「ヒロシマの心」は世界に広く深く浸透し、これが国際世論にまで高まっている。

核兵器保有国は、これらの国際世論を真剣に受け止め、核実験を即時全面的に停止し、核兵器廃絶に踏み出すべきである。特に人類生存の命運をにぎる米・ソ両国は、直ちに核軍縮交渉を再開するとともに、互いの確執を断ち、一日も早く首脳会談を開催するべきである。

わが国は、憲法の平和理念を堅持し、唯一の被爆国として非核三原則を空洞化させることなく、これを厳守するとともに、核軍縮の促進と東西緊張の緩和に積極的に取り組まなければならない。

今や、人類は、破滅か生存かの重大な岐路に立っている。

われわれは、世界恒久平和の理想を高くかかげ、英知をもって対決から対話へ、不信から友好へ、歴史の流れを変えなければならない。

広島・長崎両市は、核兵器の廃絶を希い、平和と協調のため、世界の都市に連帯を呼びかけた。その輪は大きく広がり、被爆40周年には「世界平和連帯都市市長会議」を開催し、都市連帯による新しい平和秩序を探求する。

被爆39周年の本日、われわれは改めて原爆被爆者及び遺族のために、国家補償の理念に立った被爆者援護対策が早期に講じられるよう強く求めるとともに、犠牲となられた御霊《みたま》の前に、深く慰霊の誠と平和への誓いとを捧《ささ》げるものである。

＊

〈広島市コメント〉なし
〈中国新聞８月７日付朝刊一面の見出し〉広島被爆39周年／核軍拡 狂奔に警告 荒木市長／都市連帯で平和探求／老いる被爆者、援護法急務◇来年実施の被爆者調査／原爆白書目指す 厚相表明

昭和58（１９８３）年　通算36回目

あの惨禍の日から38年、ヒロシマは、今年も深い憂慮と憤りのうちに暑い夏を迎えた。

今日までのたび重なる軍縮交渉にもかかわらず、米・ソ両国を中心とする核軍拡競争は、ますます熾烈《しれつ》の度を加え、ヨーロッパにおけるＳＳ20の配備、パーシング２の配備計画、極東における核兵器増強の動きなど、増大する核の脅威のもとで、人類は、まさに破滅の危機に直面してい

る。

この緊迫した状況の中で、核兵器反対の運動は、大きな盛り上がりをみせ、「ヒロシマを繰り返すな」、「ノーモア・ヒロシマ」の声が、今や、国際的世論にまで高まっている。

国際連合は、第2回軍縮特別総会で採択した軍縮キャンペーンの一環として、今年秋の各国軍縮特別研究員の広島派遣、国連本部での原爆被災資料の常設展示など、被爆実相の普及と継承への新たな努力を始めた。

広島・長崎両市長は、本年1月、核兵器廃絶に向けての「世界平和都市連帯」を呼びかけた。今、世界の各地から熱い賛同のメッセージが寄せられ、国境を越えて連帯の輪が広がりつつある。

今こそ人類は、敵対の歴史に訣別《けつべつ》して、人間の尊厳に目覚め、相互の対話を大いに深めて、信頼と友好の絆《きずな》を確立すべきときである。

きょうの逡巡《しゅんじゅん》は、あすの破滅につながる。

際限のない核軍拡競争に歯止めをかけるため、核兵器保有国は、直ちに、核実験全面禁止条約を締結し、すべての核兵器の製造と配備とを停止し、さらに、核兵器を廃絶するように強く求める。

特に、核超大国である米・ソ両国は、一日も早く首脳会談を開催し、軍事的・戦略的立場を超えて、全人類的見地から、世界に希望を与える決断を行うよう訴える。

唯一の被爆国であり、憲法の平和理念のもとに非核三原則を堅持するわが国は、その実現に先導的役割を果たし、世界平和の灯火たるべきである。

本日、この式典にあたってわれわれは、原爆犠牲者の御冥福を心から祈念し、国家補償に基づく被爆者援護対策の確立と核兵器廃絶、全面完全軍縮を目指して邁進《まいしん》することを固く誓うものである。

＊

〈広島市コメント〉 広島・長崎両市長の「世界平和都市連帯」の呼び掛けを報告

〈中国新聞8月7日付朝刊一面の見出し〉 核軍拡歯止め　決断の時／広島被爆38周年／政治の壁、今克服を／「市民連帯」訴え切迫◇核軍縮に積極的関与／日米会談の主要議題へ　首相表明

昭和57（１９８２）年　通算35回目

燈燈《とうとう》無尽《むじん》―ヒロシマの平和の心は、すべての人々に受け継がれ、語り継がれなければならない。

広島のあの日の惨禍は、人類絶滅の不気味な暗雲の到来を告げるものであった。その危機を身を以て体験したヒロシマは、核兵器の廃絶と全面完全軍縮を世界に訴え続けてきた。

しかし、米・ソを始めとする国家間の対立は牢固《ろうこ》として解き難く、核兵器はますます量的拡大と質的高度化の一途を辿《たど》り、限定核戦争や先制核攻撃論が台頭し、人類は今、まさに、核戦争の危機に陥ろうとしている。

軍縮と安全保障問題に関する独立委員会のパルメ委員長やペルティーニ・イタリア大統領は、いずれも、ここ広島の地で、原爆被害の苛酷《かこく》さに慄然《りつぜん》とし、核戦争に勝者も敗者もあり得ない、と深い憂慮の意を表明した。

今こそ各国政府は、世界各地で澎湃《ほうはい》として高まっている核兵器廃絶への熱望を真摯《しんし》に受け止め、一刻も早く軍縮を促進し、平和への道を急ぐべきときである。

この時開催された第2回国連軍縮特別総会は、遺憾ながら国家間の不信を克服しえず、「包括的軍縮計画」の合意には至らなかった。

しかし、核戦争の防止と核軍縮が最優先課題であるとの第1回軍縮特別総会の決議を再確認するとともに、新たに、軍縮への世論形成を目的とする「世界軍縮キャンペーン」の実施に合意し、さらに、日本政府が提案した広島・長崎への軍縮特別研究員派遣を採択した。

広島市長は、今回の特別総会でヒロシマを証言し、ヒロシマの悲願を訴えた。

今、重ねてここに訴える。

核実験を即時全面的に禁止し、あらゆる核兵器を凍結して、これを廃棄するよう強く求める。

また、ヒロシマと心を同じくする世界の都市が、互いに連帯することを呼びかける。

さらに、核保有国の元首をはじめ各国首脳が広島を訪れ、被爆の実態を確かめること、広島で軍縮のための首脳会議を開催すること、また、広島に平和と軍縮に関する国際的な研究機関を設けることを提唱する。

ヒロシマは、単なる歴史の証人ではない。

ヒロシマは、人類の未来への限りない警鐘である。

人類がヒロシマを忘れるとき、再び過ちを犯し、人類の歴史が終焉《しゅうえん》することは明らかである。

本日、被爆37年を迎え、犠牲となられた人々を弔うに当たり、今なお、肉体的・精神的に苦しみ続ける原爆被爆者及び遺族への援護が、国家補償の精神に基づいて充実・強化されるよう、わが国政府に求めるとともに、ヒロシマは平和の燈火を絶やすことなく、世界に平和を訴え続けていくことを固く誓うものである。

＊

〈広島市コメント〉広島市長の国連特別総会での訴えを報告／都市連帯の提唱／広島への国際的な平和研究機関の設置を提唱

〈中国新聞8月7日付朝刊一面の見出し〉広島被爆37周年／世界に反核包囲網を／荒木市長平和宣言／重さ増す原点の責務◇草の根市民 交流の輪／原水禁世界大会 25会場で分科会

昭和56（1981）年　通算34回目

「安らかに眠ってください《原文ママ》　過ちは繰返しませぬから」これは原爆の犠牲者に捧《ささ》げる人類の誓いの言葉である。この誓いのもとに、われわれは核兵器の廃絶と戦争の否定を訴え続けて来た。しかし、米・ソを頂点とする果てしのない核軍拡競争は、益々《ますます》対決の姿勢を強め、今や人類を破滅の淵に立たせるに至った。

この緊迫した情勢を憂えて、ローマ法王、ヨハネ・パウロ二世は、本年2月この地に立ち、過去を振返えることは将来に対する責任を担うことであり、広島を考えることは、核戦争を拒否し、平和に対しての責任をとることであると述べ、すべてをさしおいて、平和が追求され、保持されねばならないことを全世界に訴えられた。

核兵器は競って高度化・多様化し、地に空に、或は海に配備され、互に対峙《たいじ》しながら、その破壊力は広島型原爆の百数十万発分にも達している。われわれ人類はまさに「恐怖の均衡」下に置かれている。加えてこの均衡を破る先制核攻撃の兆しも見られ、核戦争の危機は高まっている。ひとたび核戦争が勃発すれば、人類が絶滅することは明らかである。

もはや核兵器で安全を保障することはできない。核兵器の廃絶こそが安全を保障し、平和への道に通じることを人類は悟らねばならない。

今こそ人類は、この現実を直視し、人類生存を最優先課題として、地球的視野に立ち、思想、信条、国家体制の対立を克服し、協調と相互依存の精神に基づく平和への大道を拓くときである。

来る第２回国際軍縮特別総会において全加盟国は、この精神に立脚し、核兵器保有国率先の下に、核兵器の不使用・非核武装地帯の拡大・核実験全面禁止など、核兵器廃絶と全面軍縮に向けて具体的施策を合意し、すみやかに実行に移すべきである。平和国家の理念を掲げ、非核三原則を国是とするわが国がその先導者となることを期待する。

本日、被爆36周年の８月６日を迎え、原爆犠牲者の御霊《みたま》を弔うに当たり、われわれ広島市民は一層平和への責任と義務を自覚し、国家補償の精神に基づく原爆被爆者及び遺族への援護対策の拡充強化を求めるとともに、世界に強く平和への努力を訴えるものである。

＊

〈広島市コメント〉 初めて「非核三原則」に触れる

〈中国新聞8月7日付朝刊一面の見出し〉ヒロシマの訴え　核危機下で切迫／被爆36周年／廃絶へ先導国の役割を／援護法・体験継承も課題

昭和55（1980）年　通算33回目

生々流転《しょうじょうるてん》―あの日から35年の歳月が流れた。

あの時、炎熱の地獄と化し、核戦争の悲惨さを身を以て体験した広島は、核兵器の廃絶を訴え、ひたすら人類永遠の平和を求め続けて来た。

しかるに、世界の情勢は、このヒロシマの心を痛ましめてやまない。拡大し続ける世界の軍事費はついに1日10億ドルを超え、また、軍備拡大の波は発展途上国にも及んでいる。中東や東南アジアでの相つぐ紛争は、大国の動向次第では、全面核戦争に発展する危険をも孕《はら》み、多数の難民の問題も深刻な影を投げかけている。

もとより、今日まで核兵器の増大・拡散を憂え、人類を破滅から救おうとする努力は、部分的核実験禁止条約、核不拡散条約、米ソによる戦略兵器制限交渉等にも見ることができる。特に、国連初の軍縮特別総会では、国家の安全は、軍備の拡大よりも軍縮によってこそ保たれるとの合意を見、廃絶を目標とする核兵器の削減が軍縮の最優先課題であるとの決議がなされた。

また、本年は米国上院議員会館で原爆展が開催されるなど、ヒロシマの被爆体験への世界の関心もとみに高まりを見せており、このことが被曝者の増大を阻止し、核兵器を全面否定する国際世論の形成に大きく発展することを期待する。

しかし、現実の世界情勢を思うに、軍備拡大の裏にある国家相互間の根強い不信感を取り除かない限り、決して輝かしい平和の岸に至ることはできない。ヒロシマは今ここに第２回国連軍縮特別総会に先がけて、米ソを始めとする平和首脳会議の開催を提唱する。第１回国連軍縮特別総会において平和に徹し、国際協調を基本とする外交努力を一層強化してゆく旨の決意を表明した日本政府は、その先導的役割を果たすべきである。

今こそわれわれは全人類の連帯を求め、破滅への道を生存への道に転じなければならない。

本日、被爆35周年の記念日を迎えるに当たり、犠牲となられた方々に対し、謹んで哀悼の誠を捧《ささ》げ、原爆被爆者援護対策が国家補償の理念に基づいて一日も早く法制化されることを念願しつつ、人類生存への道を邁進《まいしん》することを固く誓うものである。

＊

〈広島市コメント〉 中東や東南アジアの紛争により生じた難民問題を憂慮／原爆被爆者援護対策の法制化を念願

〈中国新聞8月7日付朝刊一面の見出し〉ヒロシマ世界化 新たなスタート 被爆35周年／「平和サミット」問われる行動力／援護法も正念場◇援護法制定へ特別決議／原水禁世界大会・広島／アピール採択、閉幕

昭和54（1979）年 通算32回目

平和を求め、ヒロシマは語り、ヒロシマは訴え続けなければならない。

8月6日の灼熱《しゃくねつ》の閃光《せんこう》以来、ヒロシマは、恒久の平和を悲願として、世界の人びとに核兵器の廃絶と戦争の完全否定を訴え続けて来た。

もとより、今日まで、世界では数多くの平和への努力が試みられている。特に、国際連合は、昨年、史上初の軍縮特別総会を開催し、核兵器の廃絶を究極の目標とした軍備の縮小をめざし、その第一歩を踏み出した。さらにこれに応えて、軍縮委員会は、英知を結集し、3年後の軍縮特別総会に向かって討議を続けている。

他方、米・ソ両国による戦略兵器制限交渉が持たれ、また、中東における和平交渉が精力的に進められて来た。

こうした努力にもかかわらず、国際政治の現実は、未《いま》だ核戦力を主力とした際限のない軍備拡

張競争に明け暮れ、莫大な破壊力を蓄積している。

ヒロシマの抗議を無視した相次ぐ核実験の強行は、新たに放射能被爆の問題を世界的に提起した。これはヒロシマの憂慮が現実のものとなっていることに他ならず、まことに痛憤に堪えない。すべての核実験はただちに停止し、これ以上新たな被曝者をつくってはならない。

今や、原爆被爆者と放射能被曝者の問題は、世界的課題として緊急な解決を迫られている。この時にあたり、日本政府において、被爆者援護対策の基本理念と制度の見直しが始められたことに、われわれは大きな期待を寄せるものである。

平和とは、単に戦争の防止のみにとどまらず、憎しみを超えた愛と理性に基づき、人類のすべてが共存共栄することである。

おろかにも地球の限りある資源を軍備の拡張に浪費し、飢えと貧困を拡大させている現実を直視しなければならない。

今こそ、ヒロシマの願いに立って歴史の流れをかえ、人類繁栄の礎を築くべき時である。

ここに、原爆の犠牲となられた方々に対し、謹んで哀悼の誠を捧《ささ》げるとともに、ヒロシマの惨禍を、核時代に生きる人類への警告として厳粛に受けとめ、平和への努力を着実に進めていくことを固く誓うものである。

＊

〈広島市コメント〉放射線被曝の問題を指摘／初めて飢餓・貧困問題に触れる／初めて原爆被爆者援護対策に触れる

〈中国新聞8月7日付朝刊一面の見出し〉「援護法制定」高まるうねり／広島被爆34周年　重み増す課題／署名など盛り上げ／七人委結論は来夏か◇初の8・6座り込み／核実験抗議　米ソの横暴に憤り

昭和53年（1978年）　通算31回目

この世の中で平和ほど尊いものはない。

われわれ広島市民は、悲惨な被爆の体験に基づいて、30有余年の間、核兵器の廃絶と戦争の放棄を訴え、真の平和を求めつづけてきた。

このヒロシマの願いは、ようやく世界の良心を動かし、本年5月、国連加盟149か国による史上初の軍縮特別総会が開催された。

広島市長は、長崎市長とともに、両市民を代表してこの軍縮特別総会に列席し、あわせて国連本部で画期的な「ヒロシマ・ナガサキ原爆写真展」を実現した。この写真展は、被爆の実相を生々しく再現し、国連加盟国代表はもちろん、国連を訪れた人びとに大きな衝撃を与えた。

今回の軍縮特別総会では、全面的かつ完全な軍縮を究極の目標とし、この目標を達成するため国連全加盟国で構成する新しい軍縮機構の設置を取り決めた。その意義はまことに大きい。

しかしながら、米・ソをはじめとする核大国は、依然として核実験をつづけ、恐るべき新兵器の開発に没頭している。破壊兵器の大量蓄積とその配備競争は、今や人類を先例のない絶滅の脅威にさらしている。

真の平和は、兵器の蓄積の上には断じて確立され得ない。

国家間の不信に根ざし、混迷をつづける国際政治の潮流は、イデオロギーを越えた良識ある国際世論の結集によって、変革されなければならない。

いまこそ唯一の被爆国であるわが国は、国際社会における平和の先覚者として国際世論の喚起に努め、核兵器の廃絶と戦争放棄への国際的合意の達成を目ざして、全精力を傾注すべきときである。

世界の人びとは、国家や民族の垣根を乗り越え、進んで人類共存と連帯の精神に基づく新しい世界秩序の創造に向かって、英知を結集しなければならない。これこそ真の平和を確立する道であり、ヒロシマの変わらざる願いである。

本日、被爆33年の記念日を迎え、つつしんで原爆犠牲者の御霊《みたま》を弔うにあたり、全市民の名においてこのことを強く内外に宣言する。

＊

〈広島市コメント〉国連軍縮特別総会開催の評価

〈中国新聞8月7日付朝刊一面の見出し〉「世界化の道」険しいヒロシマ／被爆33周年 課題は重く／カギ握る国の対応／切実さ増す 援護の要望◇婦人・青年の力を結集／'78核禁大会 広島アピール

昭和52年（1977年） 通算30回目

平和、それはヒロシマの心である。ヒロシマは平和を求めつづけてきた。

しかるに、アメリカ・ソ連を初め主要核保有国は、潜在的敵国を設け、大規模な軍備拡張競争に狂奔し、核兵器のせん滅的威力を極限まで高めてきた。まさに、武力の支配を盲信する愚行というべきである。

核兵器を廃絶し、恒久平和を実現するため、被爆の実相を世界に知らせ、良心と理性の覚醒を促すことは、ヒロシマに課せられた責務である。

昨年、広島市長は、被爆都市の市長として、長崎市長とともに国連に赴き、永年にわたる両市民の胸深くうっ積した悲願をこめて、被爆体験の事実を生き証人として証言し、核兵器の廃絶と戦争の放棄を強く訴えてきた。

われわれのこの訴えに対し、ワルトハイム事務総長、並びにアメラシンゲ総会議長は、それぞれ国連を代表し、広島・長崎の苦しみは人類共通の苦しみであり、広島・長崎の死の灰の中から新しい世界秩序の概念が生まれるであろうと強調し、心から共鳴するとともに、広島・長崎を訪問したいとの意志を披瀝《ひれき》した。本日ここに、アメラシンゲ総会議長をこの地に迎えたことは、ヒロシマの声が直接国連に反映されると思われ、その国際的意義はまことに深いものがある。

国連は、明年５月、国連軍縮特別総会の開催を予定している。世界は、その成果に大いなる期待を寄せているのである。

このときにあたり、われわれは、世界の国々が忍耐と英知を結集し、核兵器の廃絶と戦争の放棄を目指して、世界の軍備を確実に制限し、武力によるのではなく、崇高な世界観を反映した外交政策に基づく恒久平和の実現ために、最善をつくさなければならないことを提言する。

今こそ、世界の人々は、全人類的立場において、正義と相互依存の理念に立ち、力を合わせて、世論の喚起に努め、世界恒久平和への道を急がなければならない。

本日、被爆32年目にあたり、われわれは、原爆犠牲者の御霊《みたま》の前に、全市民の名において、核兵器の廃絶を訴え、恒久平和の実現に向かって邁進《まいしん》することを誓うものである。

＊

〈広島市コメント〉広島・長崎両市長の国連訪問の成果を報告

〈中国新聞8月7日付朝刊一面の見出し〉国連へ高まる期待／ヒロシマ33回忌／世論の形成が急務／重み増す原点の役割◇真の統一達成しよう／〝行動の年〟決議し閉幕／原水禁世界大会

昭和51（1976）年　通算29回目

本日、われわれは、ここにまた原爆記念日を迎えた。

昭和20年のこの日、この刻、広島は一瞬にして壊滅し、無数の尊い生命が奪い去られた。しかも辛うじて生き残った被爆者は、放射能障害の苦痛と不安にさいなまれ、31年を経た今日もなお、命を蝕《むしば》まれ死に行く者、あとを断たず、痛恨の情まことにたえがたいものがある。

われわれ広島市民は、この凄惨《せいさん》な被爆体験をみつめながら、ひとたび核戦争がはじまれば、人類の滅亡と文明の終えんは明らかであることを予見し、一切の悲しみと憎しみを越えて、核兵器の廃絶と戦争の放棄を全世界の人々に訴え、「ヒロシマを再び繰り返すな」と叫び続けてきた。

然《しか》るに、米・ソを始め核保有国は、ヒロシマの心を踏みにじり、自国の防衛と世界の安全を口実に、依然として全人類をせん滅して余りある巨大な量の核兵器を蓄積し、更にこれを世界に拡散して、核戦争の危機を著しく高めてきた。また頻発する局地戦争が、核保有国の介入により、遂《つい》には、世界的規模の核戦争へと発展する恐れなしとしない。

それのみか、今日世界をおおう環境の破壊、人口増加と食糧危機、枯渇への速度をはやめる資源消耗の現実を直視するとき、ここにも平和を脅かす要因が潜在していることを憂えるものである。

今や、人類は、滅亡か、生存かの岐路に立っている。もはや国と国、民族と民族が相争うときではなく、世界が一体となって核兵器を廃絶しなければならないときである。

今こそ全人類は、運命共同体の一員であること深く自覚し、人間の尊厳と、相互依存の理念にもとづく世界恒久平和への道を急がなければならない。

このときにあたり、広島市長は、長崎市長とともに国連に赴き、被爆体験の事実を、生き証人として証言し、世界の国々に、これが正しく継承されるよう提言すると同時に、国連総会が議決した核兵器使用禁止、核拡散防止、核実験停止に関する諸決議のめざす、核兵器廃絶への具体的措置が早急に実現されるよう、強く要請する決意である。

本日ここに原爆犠牲者の御霊《みたま》を弔うにあたり、われわれは、平和への誓いを新たにし、このことを内外に宣言する。

〈広島市コメント〉なし

〈中国新聞8月7日付朝刊一面の見出し〉首相の広島発言で波紋／石田訴訟判決 被爆者に厳しい国の限定解釈／原爆症認定問題／原告だけに適用／石田さん 私一人の問題でない

＊

昭和50（1975）年　通算28回目

昭和20年8月6日、広島市民の頭上で、突然、原子爆弾が炸裂《さくれつ》した。爆弾は灼熱《しゃくねつ》の閃光《せんこう》を放射し、爆発音が地鳴りのごとく轟《とどろ》きわたった。その一瞬、広島市は、すでに地面に叩きつぶされていた。

死者、負傷者が続出し、黒煙もうもうたるなかで、この世ならぬ凄惨《せいさん》な生き地獄が出現したのであった。

倒壊した建物の下から、或《あるい》は襲い来る火焔《かえん》の中から、助けを求めつつ、生きながらに死んでいった人々、路傍に打ち重なって、そのまま息絶えた人々、川にはまた、浮き沈みつつ流される人々、文字通り狂乱の巷《ちまた》から一歩でも安全を求めて逃げまどう血だるまの襤褸《ぼろ》の列、「水、水」と息絶え絶えに水を求める声……。今もなお脳裡《のうり》にあって、30年を経た今日、惻々《そくそく》として胸を突き、痛恨の情を禁じ得ない。

更に被爆以来、今日まで一日として放射能障害の苦痛と不安から脱し切れず、生活に喘《あえ》ぐ人々が多数あり、その非道性を広島は身をもって証言する。

この被爆体験を原点として、われわれ広島市民は、人類の平和を希求し、一貫してヒロシマを再び繰り返すなと叫び続けて来た。

しかるに、現状は、核兵器の恐怖が、地球上のすべての国、すべての国民の上にも黒々とおおいかぶさっているのである。

核保有国は、ヒロシマの抗議を無視して、核実験を続行し、さらに強力な開発を進めており、それに追随して核武装を指向する国もあって、核拡散化は激しくなるばかりである。

今や世界が、無秩序な核戦略時代という人類の滅亡を招く重大危機に突入しつつあることは、広島市民として、絶対に黙視できないところである。

人間一人一人が、一つの地球に住む運命共同体の一員であるという自覚を持って、断乎《だんこ》、核兵器の廃絶に起《た》ち向かわねばならぬときである。

この恐るべき事態に直面して、広島市は同じ被爆都市長崎市と相たずさえ、真の世界平和を樹立する決意を新たにし、我々の平和理念が、全人類の共鳴を得るよう切望する。

本日、ここに原爆犠牲者の霊を弔うにあたり、人間性を否定する核兵器廃絶の急務たることを、声を大にして、全世界の人々に訴えるものである。

＊

〈広島市コメント〉詳細に被害の実相

〈中国新聞8月7日付朝刊一面の見出し〉国連で「核禁」直訴／単独援護洗い直し／被爆30年後　荒木広島市長が決意

第5章
平和宣言

山田節男市長
（1974〜1967年）

「平和宣言」を読む山田氏（1968年 8 月 6 日＝広島市提供）

昭和49（1974）年　通算27回目

本日、ここに、29回目の原爆記念日を迎えた。相つぐ核実験と核兵器の拡散ということに憂慮すべき世界情勢にあるこのとき、アメリカ、ソ連、中国、フランス、イギリス、インドなどの核保有国に対し、広島市民を代表して強く抗議し、警告する。

核実験を即時、全面禁止し、核兵器を速やかに廃絶せよ

世界政治をリードする米・ソ両大国は、その新しい政治外交戦略として、開発途上国に核の供与を策し、自国の勢力拡大をはかるとともに、核の拡散を助長しつつある。この際、特に、警戒すべきことは、核兵器が次第に小型化し、開発途上国にいたるまで核兵器を通常兵器として所有する可能性が強まってきたことである。

これは、局地戦争において、核兵器が容易に使用できることを意味するものであり、恐るべき新たな現実といわなければならない。

核均衡の理論や、自衛の名のもとに、核の拡散が急速に進むことは、まさに人類の自殺的破滅への道である。いまや、真の危機が迫ってきた。

われわれは、危険な核拡散の進行を断固阻止するために、国連において、核保有国のすべてを

含む緊急国際会議を開き、核兵器の全面禁止協定の早期成立に努めるよう提唱する。同時に、また、日本政府に対し、核拡散防止条約の速やかなる批准を求める。

ヒロシマを繰り返すな――われわれは、核保有国に対し、また核保有を志向しつつある中小諸国に対し、かさねてこのことを警告してやまない。

いまこそ、われわれ人類は、一つの世界に生きる運命共同体であることを深く認識し、世界市民意識にもとずく地球共同社会の創造に邁進《まいしん》しなければならない。これこそが、ゆるぎなき人類の恒久平和を確立する基盤である。

原爆犠牲者の御霊《みたま》の前に、われわれの平和への誓いを新たにし、全市民の名において、このことを強く内外に訴える。

＊

〈広島市コメント〉 核拡散防止を中心テーマ／初めて具体的な国際政治（国連）への提唱
〈中国新聞8月7日付朝刊一面の見出し〉 核廃絶へ行動の時 山田・広島市長 被爆30年へ決意／国連で訴えたい／広島で国際会議検討

昭和48（1973）年　通算26回目

28年前のこの日、広島を一瞬のうちに破壊し、20数万の生命を奪い去った原爆の惨禍は、今回アメリカ政府から返還され、一般に公開した原爆被災記録写真の中に、生々しく再現された。新たなる衝撃と痛恨の情が、戦争を憎み、永続する平和を願う「ヒロシマの心」として、さらに高まり、深まるのをおぼえる。

断じてヒロシマをくりかえすな　原爆記念日を迎えるあたり、全世界に、このことを強く訴えるものである。

ベトナム和平協定が締結され、日中国交の正常化も実現した。国際情勢のなかに、雪解けの機運が動きはじめてはいるが、核戦争への終局的な歯止めとなるべき政治的保障は、いまだ確立されていないのである。全世界の強い抗議を無視して、南太平洋において核実験を強行したフランス政府をはじめ、いまもなお核実験を続ける米・ソ・中国など、国家主権を楯《たて》として、自国の安全のためにのみ、核実験を正当化しようとしていることは、まさに時代錯誤であり、全人類に対する犯罪行為でもある。

われわれは、核兵器の速やかなる廃絶と、核実験の即時全面禁止を実現するため、全世界市民の強力な運動を盛りあげなければならない。

世界平和を培う源泉は、平和のための正しい、真しな教育であり、これこそが次の世代への「ヒロシマの心」の継承である。

われわれは、平和教育と平和研究の組織、施設の整備を推進するとともに、進んで人間の尊厳に根ざす新しい文明社会の創造を、全世界に呼びかける。

戦争は人間の心のなかに芽生えるものであるが、今日、世界をおおう環境の破壊、人口増加の圧力、食糧危機、枯渇への速度をはやめる資源消耗の現実を直視するとき、ここにも人間精神の荒廃と、世界平和を脅かす要因が潜在することを憂えるものである。

真の世界平和は、法による世界秩序の確立によってのみ打ち立てられる。すべてのものが世界化する必然的な情勢下においては、もはや、一国だけの安全と繁栄はあり得ない。今や国民国家から世界国家理念移行への時代である。人類生存条件の根本的な改善は、全世界の連帯と協力にまつほか道のないことをあえて断言する。

原爆犠牲者の御霊《みたま》の前に、われわれの平和への誓いを新たにし、全市民の名において、このことを力強く内外に宣言する。

＊

〈広島市コメント〉 核保有国を厳しく非難

〈中国新聞8月7日付朝刊一面の見出し〉 動きだす? 被爆者援護／二階堂発言に期待と不安／陳情運動 活発化へ／広島市長 国家責任さらに迫る◇具体策は少しもない／「検討」何度も聞いた／被爆者団体

昭和47(1972)年　通算25回目

きょうここに、被爆27年の原爆記念日を迎え、あの日の惨禍を心にえがき、痛恨の情まことにたえがたいものがある。核兵器の廃絶と戦争の放棄を訴え、真の世界平和を求めつづける「ヒロシマの心」は、世界人類の良心を呼びもどし、たしかに核戦争の歯止めとなっている。しかしながら力の均衡を過信する核大国は、巨額の富と知能を軍備競争につぎこみ、ぼう大な核兵器の集積を進め核戦争の危険をひろく深く潜行させてきた。

現下の国際政治の動向は、米中、米ソの首脳会談をはじめ、独ソ間の東方条約、日中国交回復をめざす政府間交渉が始まろうとしているなど、ようやく冷戦の雪解けがみられるが、他方ベトナムにおいては、大規模な戦闘爆撃による破壊が繰り返され、多くの婦女子を含む犠牲者の悲惨なる姿には、目をおおうものがある。しかも核大国は、ヒロシマの切なる抗議を無視し核実験を強行している。

われわれは、あらためてベトナム戦争のすみやかなる終えんを訴え、いかなる国の核実験をも許さぬ核兵器の全面禁止協定を早急に実現するよう切望してやまない。

われわれは、核武装によって自国の安全を高めることができるという考え方は、全くの妄想に過ぎないことをあえて断言する。

さきの国連人間環境会議は、自然環境の破壊と人口の増加、資源の枯渇により人類が陥りつつある多面的な危険に対し、70年代を生きる人間活動の理念を明らかにし、核兵器の完全な破棄をめざす国際的な合意を急ぐよう宣言した。これは戦争を否定した日本国憲法の精神に合致するものであり、真の平和への道に通じるものである。

今こそわれわれは、世界の国々とともに平和のための教育と、平和のための研究に真剣に取り組むべきである。われわれ人類は平和で生存に適した地球を次の世代に継承するため、地球上に生きる運命共同体であることを深く認識し、思想の相違を乗りこえて、知的および精神的な連帯のもとに、人が人を殺し、人が人に殺されることのない新しい世界秩序を創造しなければならない。これこそがあすの世界にヒロシマを繰り返さないための条件である。

原爆記念日にあたり犠牲者の御霊《みたま》の前にわれわれの平和への決意を新たにし、これを内外に宣言する。

*

〈広島市コメント〉初めて国連に言及／初めて戦争以外の環境・資源問題を取り上げる／初めて「ヒロシマの心」という表現を使用

〈中国新聞8月7日付朝刊一面の見出し〉被爆者援護　厚かった壁／具体策は聞けず／官房長官　型どおりの〝八・六発言〟◇それでもヒロシマは訴え続ける／法の制定を要求　原水協◇自治体も対策を　原水禁

昭和46（1971）年　通算24回目

世界の大勢は、科学技術の総力をあげて、激烈な軍備競争に狂奔し、核兵器体系は、日を追うて巨大化と多様化の一途をたどりつつある。その想像を絶する凄《すさ》まじい破壊力と放射能が、世界の恐怖を極限まで高めてきた。しかも、ベトナムにおいては、依然として軍事行動がとめどもなく繰り返され、数千万の民衆が悲惨な死と救いなき苦しみにさらされている。いま、原爆犠牲者の霊前に立ち、われわれはこの事態を深く悲しむとともに、かかる現実を断じて許してはならないと切に思う。

すべての人間は、生まれながらにして自由であり、その尊厳と権利とにおいて平等である。戦争は人間共存の基本的権利を踏みにじる許しがたい犯罪であり、現代戦の極まるところ核の報復を招き、全人類を滅亡の危機に陥れることは明らかである。

26年前のこの日、広島が受けた原子爆弾の傷は深く、奪い去られた人命は20数万におよび、その放射能障害は今日なお被爆者の生命を脅かしつづけ、その影響力の深刻さはさらに計り知れない。この無惨《むざん》な被爆体験の教えるところは、核兵器の廃絶と戦争の放棄である。

ここにわれわれは提言する。今こそ人類生存の理念を明確にし、地球人としての運命一体観を強く認識し、世界市民意識を基調とした新しい世界の構造を確立して、戦争なき人類共同社会を建設しなければならない。すなわち、すべての国家は日本国憲法にうたわれた戦争放棄の基本精神に則《のっと》り、一切の軍備主権を人類連帯の世界機構に委譲し、解消すべきである。そのためには、まず地上におけるすべての戦争の即時停止と、核不使用協定の締結をすみやかに実現するよう強く要請する。さらに、次の世代に戦争と平和の意義を正しく継承するための平和教育が、全世界に力をこめて推進されなければならない。これこそ、ヒロシマの惨禍を繰り返さないための絶対の道である。

本日ここに、被爆26周年の記念日を迎え、つつしんで原爆犠牲者の霊を弔うにあたり、これを広く世界に訴える。

＊

〈広島市コメント〉平和教育の必要性

〈中国新聞8月7日付朝刊一面の見出し〉届いたか 原点の声／佐藤首相の広島訪問／「援護法」には冷淡／被爆全数調査に望み◇夜の平和公園で衝突／三人逮捕 学生ら機動隊に投石

昭和45（1970）年　通算23回目

人類の科学は宇宙に輝く時代を迎えたが、いまだ国家間の相互不信は除かれることなく、世界はさらに戦争という罪悪を繰り返している。現にベトナムで、中東で、われわれはこの悲しむべき現実をみる。

残虐非道な核兵器の使用は、この地上ついに人間の生存を許さないであろう。ヒロシマの体験がこれを証言している。しかるに世界の大国はヒロシマの抗議を顧みず、依然として限りない核軍備競争に没頭し、人類自滅の道を進みつつある。

25年前のこの日、広島は人類最初の原爆投下によって、一瞬にして焦土と化し、20数万の尊い人命は失われかろうじて生き残った者も今日なお生命の不安に脅かされている。このような惨禍は、今後いかなることがあっても再び繰り返されてはならない。

われわれは、あの日以来、ヒロシマの人間惨禍にもとづき、核兵器の廃絶と戦争の放棄を訴えつづけてきた。このヒロシマの叫びは、世界の輿論《よろん》に支えられ、少なくとも核兵器の使用を阻止することができた。われわれはこの成果をふまえて国民的悲願を結集しつつ、ヒロシマの体験をすべての人間の心に深く定着させ、核兵器の全廃と世界恒久平和の実現にむかって前進をつづけよう。

今こそ平和へのとりでをすべての人の心の中に築くときである。もはや一国だけの平和はあり得ない。世界は一つであり、人類は一体である。われわれは世界市民意識にたって、人類連帯の精神にもとづき世界法による平和の秩序を確立しなければならない。

本日、ここに被爆25周年の記念日を迎え、つつしんで原爆犠牲者の霊を弔うにあたり、これを強く世界に訴える。

＊

〈広島市コメント〉なし

〈中国新聞8月7日付朝刊一面の見出し〉核・侵略なき世界を／原水協広島大会　アピール発表し終了◇核の廃絶

昭和44（1969）年　通算22回目

本日、われわれはここにまた原爆記念日を迎えた。

24年前のこの日、広島は一瞬にして焦土と化し、20数万の生命は奪い去られた。しかも、そのとき人体深く食い入った放射能は、今日なお、被爆者たちの生命をおびやかしつづけている。しかるに時の経過は、世界の人々に原爆の惨禍を忘れさせ、恐怖の感覚を失わせようとさえしている。原水爆は、それが単に、殲滅《せんめつ》的破壊を伴う兵器というだけでなく、その放射能の拡散は全地球をおおい、地上ついに人間の生存を許さなくすることは明らかである。しかるに、世界の大国は、かえって力の均衡を口実に、競って核軍備の強化に狂奔し、ますます人類自滅の方向に拍車をかけている。

あたかもこの時、人間の月着陸という人類の夢はついに実現したのである。この世紀の偉業こそは、ひとり一国の栄光にとどまらず、現代科学技術の成果であり、人間英知の勝利である。われわれは、この勝利をもって人類共存共栄の理想に向かう転機としなければならない。宇宙時代に臨む人類はより広い視野とより高い次元にたち、旧来の思考を打破して新しい世界観の確立をはかるべきである。

世界は一つであり、人類は一体である。今こそわれわれは、人類生存の理念と思想を明確にし、国家主権の障壁や異質の社会体制の対立をのり越えて、地球人としての運命一体観を深く認識し、世界市民意識を基調とした世界法による世界新秩序を確立して、戦争なき人類共同社会を建設しなければならない。これこそがふたたびこの地球上に「ヒロシマ」を繰り返さないための砦であり、現代の歴史に生きる者の使命である。

本日、ここに原爆犠牲者の霊を弔うにあたり、このことを強く世界に訴える。

＊

〈広島市コメント〉なし

〈中国新聞８月７日付朝刊一面の見出し〉二つの原水禁大会閉幕　広島／援護法制定訴える　原水協／核安保粉砕へ結集　原水禁

昭和43（1968）年　通算21回目

本日、われわれはここにまた原爆記念日を迎えた。

23年前のこの日、広島は一瞬にして焦土と化し、無数の命は奪い去られた。しかも、そのとき、人体深く食い入った放射能は、今日なお、被爆者たちの生命を脅かしつづけ言い知れぬ不安をかもし出している。

原水爆は、それが単に強力なせん滅破壊の兵器というだけでなく、その放射能の拡散は、地球上、ついに人間の生存を許さなくすることは明らかである。けれども、世界の人々の多くは、まだそのこととの恐怖にめざめていない。

核軍縮は国際政治の日程にのぼっているが、それは必ずしも核兵器の全面廃止を約束するものではなく、かえって勢力均衡の上に世界を置くおそるべき危険性をはらんでいる。

核兵器を戦争抑止力とみることは、核力競争をあおる以外のなにものでもなく、むしろ、この競争の極まるところに人類の破滅は結びついている。

こうした現実の中にあって、絶えず顧みなければならないのは広島の体験である。原爆被災当時、われわれの直感した人類自滅の不安をわれわれはここに改めて呼びもどし、その初心に立ちかえって広島の声を広く世界の声とすることこそ、市民に課せられた任務であり、同時に世紀の危機を自覚する者の使命である。

あらゆる兵器はすべて人間の所産であり、あらゆる戦争はすべて人間の所業である。このいまわしい兵器と戦争を人間みずからの手によって克服することは断じて不可能ではない。

いまこそ、世界の国々は、格段の決意をもって、戦争のための努力を転じ、これを人類共栄の理想に向かって傾注すべきである。世界は常に一つであり、人類はすべて同胞である。正義と世界新秩序の支配する社会の建設こそ、人間の栄誉を担うわれわれの真に取り組むべき課題でなければならない。われわれ広島市民は、あの日以来、原水爆の絶対禁止と戦争の完全放棄をめざし、これを世界に訴えつづけて来たが、本日、ここに原爆犠牲者の霊を弔うにあたり、重ねてこのことを強調してやまない。

＊

〈広島市コメント〉明確な核抑止論批判

〈中国新聞8月7日付朝刊一面の見出し〉原水禁 広島での日程終わる 原水協／反戦へ共同行動強化／国際交流集会で確認 原水禁◇核兵器禁止せよ／原水協 大会決議を採択

昭和42年(1967年) 通算20回目

昭和20年8月6日、この日を紀元として世界は転換しなければならないことをわれわれは悟った。

人類は、いま、生か死か、破滅か繁栄かの岐路に立っている。

原子力の開発は、明らかに20世紀科学の輝く勝利を意味したが、この近代科学の偉大な成果が殺戮《さつりく》と破壊のために使われるか、はたまた、福祉と建設のために使われるかによって、人類の運命はまさに大きく決しようとしている。

世界の平和は、大国間の武力と恐怖の均衡の上に辛うじて保たれ、まさに累卵《るいらん》の危きに等しい。核兵器を中心とする強大な武力の対立は、一触即発、人類をついに自滅戦争に導くおそれなしとしない。

この不安と危険からのがれる道は、も早や、ほかにはない。人類連帯の精神に立ち、寛容と信頼、互嬢と規律による新しい世界に法秩序を打ち立てることである。切実な国際間の友情と高邁《こうまい》な世界法の支配下にあって、戦場に代わる相互理解の場を用意し、あらゆる国家、あらゆる民族のために協同互助、共存共栄を保障する世界新秩序を確立し、戦争の悲劇をこの地上から永遠に葬り去らなければならない。これこそ、人類の英知に導かれた永久平和の創造であり新世紀の誕生である。

眼から去るものは心からも去る。22年前、一瞬にして20数万の生命を失い、今なお多くの被爆者が生命の不安におののきつつある広島の悲劇を忘れることなく、これを世界の体験として受けとめ、全人類が戦争の完全放棄と核兵器の絶対禁止を目ざし全知全能を傾注することを強く訴えるものである。

本日、ここに原爆犠牲者の霊を弔うに当り、このことを広く世界に宣言する。

＊

〈広島市コメント〉なし

〈中国新聞8月7日付朝刊一面の見出し〉川面に光る慰霊の列（写真説明）

第6章
平和宣言

濱井信三市長〈第2期〉
（1966～1959年）

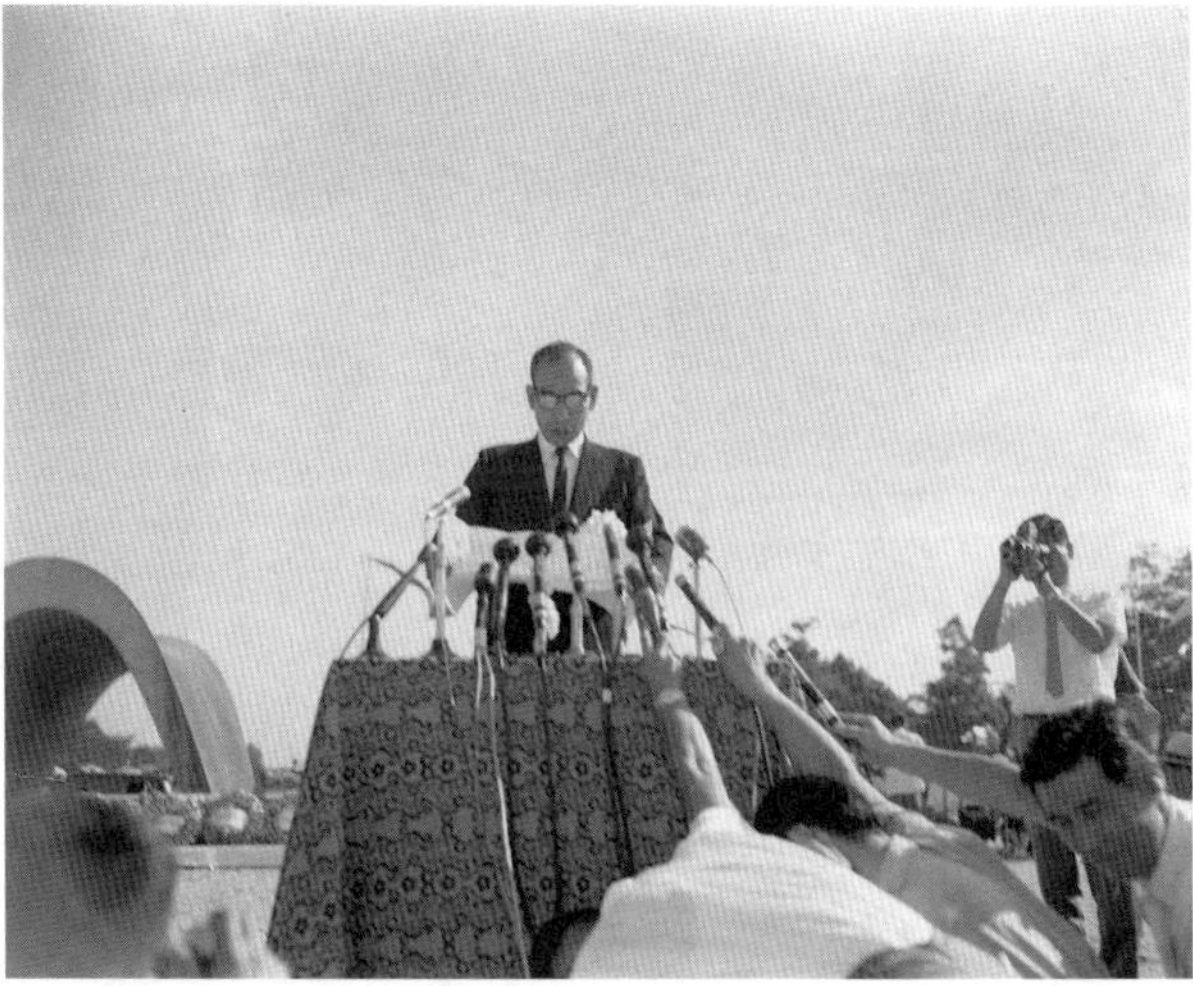

「平和宣言」を読む濱井氏（1963年 8 月 6 日＝広島市提供）

昭和41（1966）年　通算19回目

本日、わたくしたちは、ふたたび8月6日を迎えた。

21年前のこの日、あの恐るべき惨禍を体験したわたくしたち広島市民は、戦争がその性格を一変する時代が来たことを知った。

原子爆弾は、それが単に強力な破壊兵器であるというだけでなく、その放射能は、永く大地や海中にとどまって生物の生命を脅かすばかりか、この兵器が多量に使用されるならば、完全に大気は汚染され、ついには、地球そのものをも人間の生存を許さないものとすることが明らかとなった。更にまた、月にロケットを到着せしめ得るほどの科学技術をもってすれば、開戦と同時に相手国の都市や主要施設を破壊し尽くし、数千万の国民を一挙に殺傷することさえも困難なことではないであろう。

原子力時代の戦争は、既に自己を防衛する手段ではなく、人類自体の自殺行為以外の何ものでもない。

しかるに、今なお、一、二の国家は、この悪魔的な兵器の開発を目ざして大気圏の実験を強行し、またベトナム、中近東その他世界各所において、大いなる危険を冒しつつ、武力抗争が続けられていることは、まことに悲しみに堪えない。

今や人間の運命共同体は、個々の民族国家ではなく、地球全体であることを自覚し、すべての国家、すべての民族が一切の利己心と行きがかりを捨てて、人類保全のため立ち上がるべきときであることを確信するものである。

本日、原爆の日を迎え、犠牲者の霊を弔うとともに、重ねて広島市民の所信を披瀝《ひれき》して全世界に訴える。

＊

〈広島市コメント〉なし
〈中国新聞8月7日付朝刊一面の見出し〉ベトナム反戦に集中　原水爆禁止二つの大会／〝ヒロシマ許すな〟／大会アピールを発表　原水禁広島大会◇人民支援を強調／原水協　四十五会場で分散会

昭和40（1965）年　通算18回目

本日、わたくしたちは、原爆20周年を迎えた。

わたくしたちは、あの原爆の惨禍によって従来の戦争観を一変しなければならないことを知った。原子力時代の戦争は、敵味方の区別なく、人類自体を破滅に導く行為以外の何ものでもなくなったのである。原子爆弾は、単に、それが残虐非道なる恐るべき破壊兵器であるというだけでなく、その放射能は、長期にわたって人体をむしばみ、ついには地球そのものをも人間の生存を許さないものとすることが明らかになったからである。

わたくしたち広島市民が「原水爆の禁止」と「戦争の完全放棄」を強く叫び続けているのもそのためである。

しかるに、この20年の間に、核兵器は質量ともに異常な発達を遂げ、これが保有国も漸次その数を増して、事態をいよいよ混乱させているばかりでなく、ベトナムを初め世界各所において、大いなる危険を冒しつつ武力抗争が繰り返されていることは真に憂慮に堪えない。思えば、人類が現在以上の危機に直面したことはいまだかつてなかったであろう。

かかる観点よりすれば、今やすべての国家、すべての民族が、事態の重要性を深く認識し、一切の行きがかりを捨てて、人類の破滅防止のために全努力を傾注することこそが喫緊の要務であることを確信するものである。

本日、再び原爆犠牲者の霊を弔うにあたり重ねてこのことを全世界に訴える。

＊

〈広島市コメント〉「原水爆の禁止」と「戦争の完全放棄」／ベトナム戦争への憂慮
〈中国新聞８月７日付朝刊一面の見出し〉首相、被爆者調査を指示／総合対策を検討へ／生活・医療援護中心に◇被爆地に資料館／文相、具体策の検討指示◇援護措置進むか／やっと動きだした政府

昭和39（1964）年　通算17回目

本日、わたくしたちは、ふたたび8月6日を迎えた。

19年前のこの日、広島市は、一瞬にして焦土と化し、無数の人命が奪い去られた。しかも、そのとき人体深く食い入った放射能は、今日なお、被爆者たちの生命を脅かし続けている。

わたくしたち広島市民は、この悲惨な事実に基づき、今日まで機会あるごとに、世界の人々に、その体験を伝え、核兵器の廃棄と戦争の完全放棄を訴えつづけてきた。

たまたま昨年、米、英、ソ三国による部分的核実験停止条約が締結され、世界の多くの国がこれに参加したことはまことに喜びにたえない。しかしながら、この条約はわたくしたちの悲願達成に一歩を進めたものではあるが核兵器の完全放棄を保障するものではなく、加うるに世界各所における国際間の小ぜり合いは大いなる危険をはらんで現在なお続けられている。

わたくしたちは、いまこそ、全世界の人々が原子力時代の戦争は、ひとり戦争当事国のみならず、全人類を滅亡に導く手段以外の何ものでもないことをあらためて深く認識し、戦争の完全放棄を目ざして一層の努力を傾注するよう望んでやまない。

本日、ここに、原爆死没者の霊を弔うにあたり、重ねてこのことを広く世界に宣言する。

＊

〈広島市コメント〉なし

〈中国新聞8月7日付朝刊一面の見出し〉別個に二つの集会／きょう広島で「三県連」と「原水禁」／「基調演説」を支持／三県連階層別会議開く

昭和38（1963）年　通算16回目

本日、わたくしたちは、原爆18周年の記念日を迎えた。

原爆の惨禍の中からかろうじて生き残ったわたくしたちは、この18年間、その恐ろしい傷あとをみつめながら、広島の悲劇をふたたび繰り返さないよう全世界の人々に訴えつづけてきた。

その間、わたくしたちは、常に人間の善意と英知を信じてきたが、今日ようやく、米、英、ソ三国による部分的核実験停止条約の締結をみたことは、まことに喜びにたえない。

この条約には、なお基本的な問題の解決は取り残されているが、わたくしたちの悲願達成に一歩を進めたものとして大きな意義を見いだすものである。

今こそ、すべての民族、すべての国家が、原子力時代の戦争は、ひとり戦争当事国のみならず、全人類を滅亡に導く手段以外の何ものでもないことに目ざめ、核兵器の全面的廃棄と戦争の完全放棄を目ざして一層の努力を傾注することを願ってやまない。

本日、ここに思い出もあらたに原爆死没者の霊を弔うにあたり、重ねてこのことを全世界に訴える。

＊

〈広島市コメント〉部分的核実験停止条約締結の評価

〈中国新聞８月７日付朝刊一面の見出し〉中ソ代表　激しく応酬　原水禁国際会議／憎しみもあらわに／核停条約の評価めぐり／会場に異様な空気

昭和37（１９６２）年　通算15回目

本日、わたくしたちは、ふたたびあの悲しい思い出の日を迎えた。

17年前の今日、400年の歴史と父祖の偉業とによって築き上げられた広島は一瞬にして壊滅し、老幼男女の区別なく無数の生命が奪い去られた。

そのとき、この惨禍を目撃したわたくしたちの心の底深く根ざしたものは、戦争に対する限りない憎しみと、それをふたたび繰り返してはならないという固い決意とであった。

爾来《じらい》、わたくしたちは機会あるごとに、全世界に、わたくしたちの体験を伝え、核兵器の禁止と戦争放棄の必要とを訴えつづけてきた。

しかるに、その後核兵器の製造と実験は停止されないばかりか、その性能はいよいよ大型化され、そのため国際間の対立はますます激化して、今や世界を未曾有の危機におとしいれようとしている。

今こそ人々は原子力時代の戦争は所詮《しょせん》勝利の見込みのない戦争であって、それは独り戦争当事国のみならず、全人類を絶滅する手段以外の何ものでもないことを深く認識しなければならない。

わたくしたちは、すべての民族すべての国家が、人類連帯の精神に立って小異を捨てて大同につき、核兵器の禁止と戦争の完全放棄を目ざして、全努力を傾注することを願ってやまない。

本日、ここに思いもあらたに、原爆死没者の霊を弔うにあたり重ねてこれを広く世界に訴えるものである。

＊

〈広島市コメント〉被爆体験の継承の必要性
〈中国新聞8月7日付朝刊一面の見出し〉分裂状態で閉幕　原水禁東京大会／社党・総評が退場／ソ連実験抗議でもむ◇〝広島アピール〟採択／閉会間ぎわに混乱／共産圏代表が退場／広島大会

昭和36（1961）年　通算14回目

本日、われわれは、第16回目の、原爆記念日を迎えた。

昭和20年のこの日、広島は、一瞬にして焦土と化し、無数の人々が、その生命を絶たれた。しかも、その傷痕は、16年を経た今日なお、消え去ることなく、人々の生命をむしばみつづけている。

その惨禍を直接体験した広島市民は、原子力が将来再び兵器として使用されるならば、世界はついに滅亡するに至るであろうことを予見した。その後、科学と技術とは、飛躍的な進歩を遂げ、その予見が、決して誇張でないことを裏書きしつつある。

今や人々は、原子戦争は勝利の見込みのない戦争であって、それは全人類の自滅を意味するものであることを深く認識しなければならない。

時は未《いま》だ遅くはない。今こそ、すべての民族、すべての国家が、いたずらに利己的主張を固執することをやめて、人類連帯の精神に立ち、核兵器の禁止と戦争の完全放棄を目指して、全努力を傾注しなければならない。

本日、原爆慰霊碑にぬかずき、諸霊を弔うにあたり、広島市民の名において、広くこれを世界に宣言する。

＊

〈広島市コメント〉なし
〈中国新聞8月7日付朝刊一面の見出し〉関連記事なし

昭和35（1960）年　通算13回目

広島に原子爆弾が投下せられてから、すでに15年の歳月が流れた。

あの日、広島市は一瞬にして焦土と化し、無数の生命を失ったが、その惨禍の中からかろうじて生き残った者の心の底に深く根ざしたものは、戦争への強い憎しみと、それをふたたび繰返してはならないという固い決意とであった。

爾来《じらい》、われわれは、あらゆる機会を通じて、懸命にそのことを訴え続けてきた。

しかるに、最近核兵器の研究と生産はますます進み、国際情勢もまた極度の緊張を加えつつあることは、まことに憂慮にたえない。

今や人々は、原子戦争は勝利の見込みのない戦争であって、それは全人類の自滅を意味するものであることを深く認識しなければならない。

われわれは、すべての民族すべての国家が、人類連帯の精神に立って、小異をすてて大同につき、核兵器の禁止と戦争の完全放棄をなし遂げ、共栄共存のための新しい世界秩序を打ち立てることこそ、喫緊の要務であることを確信するものである。

本日、ここに思い出もあらたに原爆死没者の霊を弔うにあたり、重ねてこれを広く世界に宣言する。

＊

〈広島市コメント〉なし

〈中国新聞8月7日付朝刊一面の見出し〉安保闘争の成果報告／原水禁マンモス大会開く◇第15回「原爆の日」／あの一瞬に平和への祈りをささげる式場（写真説明）◇大江健三郎氏の寄稿文「ヒロシマ一九六〇」

昭和34年（1959）年　通算12回目

本日、われわれは、第14回目の記念すべき日を迎えた。

ただ1個の爆弾が40数万の人口を擁した都市を一瞬のうちに廃墟と化せしめ、20余万の尊い人命を一挙に葬り去ったばかりでなく、10数年を経た今日、なお、あの魔の閃光を浴びた人々の生命を奪い続けている。

われわれ広島市民がひたすらに念願し、訴えつづけてきたことは、人類連帯の精神に立って、すべての民族、すべての国家が小異をすてて大同につき、一切の戦争を排除し、原水爆の全面禁止をなし遂げなければならないということである。

いまや、世界は、原水爆による破滅の危機に直面している。原子力時代の戦争は、勝利の望みのない戦争であって、それは、人類の自滅を意味することを深く認識しなければならない。平和共存のための新しい国際関係と秩序を打ち立てることこそ、人類に課せられた緊急の要務であることを確信するものである。

われわれは、今日ここに原爆死没者の霊を弔うにあたり、重ねてこれを全世界に訴え、われわれもまた決意を新たにして、目的達成のために献身することを誓うものである。

＊

〈広島市コメント〉なし

〈中国新聞8月7日付朝刊一面の見出し〉原水爆禁止 世界大会 分散会終る／安保問題で論争／被爆者援護は意見一致

第7章
平和宣言

渡辺忠雄市長
（1958～1955年）

「平和宣言」を読む渡辺氏（1956年８月６日＝広島市提供）

昭和33（1958）年　通算11回目

本日、平和記念日を迎えた広島市民は、思い出も新たに、当時を回顧し、万感胸に迫るものがある。

13年前に起こった原爆の悲劇は人類史上、類のない、まことに不幸なでき事であって、今なお被爆市民の生命をおびやかし、犠牲者は跡を絶たない。

こうした悲惨な現実に直面しつつ、われわれは平和への祈りをこめて、人類永遠の平和を象徴する平和都市「ひろしま」の建設に努力してきた。今日、あのように草木も青々と茂り、家並も美しく立ちならんできた街を目のあたりにして謹んで地下の諸霊を弔うとともに、いよいよ平和への信念を固くするものである。

今や原水爆禁止の世論は漸《ようや》く高まり、核実験停止決議や査察専門家会議開催など前途に僅《わず》かながらも曙光《しょこう》を見いだし得るかの感があるが、われわれは更に声を大にして世論を喚起し、核兵器の製造と使用を全面的に禁止する国際協定の成立に努力を傾注し、もって人類を滅亡の危機から救わなければならない。

ここに、われら広島市民は自らの体験にもとづき決意を新たにして全世界に訴えるものである。

＊

〈広島市コメント〉初めて明確に原水爆禁止を主張

〈中国新聞８月７日付朝刊一面の見出し〉社説・実験禁止はもう一息

昭和32（１９５７）年　通算10回目

原爆被災12周年をむかえた今日、われわれ広島市民はあの日の惨害の意味を、より冷静に、また、より適確に評価できる立場におかれている。

原子爆弾の高熱と爆風による瞬時の破壊力は、まさに未曾有のものであって、広島市は人々の想像に絶する廃きょの街と化した。その瓦礫《がれき》の上に市民のたゆまざる努力により新しい広島市は生まれつつある。しかし被爆生存者の体内には、なお目に見えぬ破壊力が働いているという恐るべき事実が明らかとなった。今日われわれは放射能がひとたび人間の体内に入れば、徐々に身体をむしばむだけでなく、その害悪は遺伝により子々孫々に伝えられることを知っている。本市被爆生存者が年々後遺症のために病死してゆく事実は、遠い将来につづく悲しむべき兆候であると憂えるものである。

しかも世界は既に多かれ少なかれ、この放射能の渦の中に置かれている。現在行われつつある原水爆の実験はおびただしい放射能を大気中に放出することにより、徐々にではあるが刻々に人類生存の基盤をおびやかしている。

われわれは本日、原爆死没者の払った尊いぎせいを象徴するこの慰霊碑の前に立って、諸霊を弔うにあたり、原水爆の保有と実験を理由づける力による平和が愚かなまぼろしにすぎないことを指摘し、世界の人々がすみやかに真実の平和の道を選んで人類をその最大の危機から救うべきことを訴えると共に、自らもこのために微力を尽くすことをここにおごそかに誓うものである。

*

〈広島市コメント〉なし
〈中国新聞8月7日付朝刊一面の見出し〉※一面コラム「断層」で「原爆死没者慰霊式と平和記念式」に触れた

昭和31（1956）年　通算9回目

本日われわれは広島市被爆11周年を迎えるに当り、多くの原爆死没者のねむるこの慰霊碑の前に静かに頭を垂れ、謹んで諸霊を弔うとともに、恒久平和確立の悲願を重ねて世界に訴えるものである。

凄惨《せいさん》を極めたあの運命の日の体験に基いて、「広島の悲劇をくりかえすな」と叫びつづけてきたわれわれの声に応じ、今日漸《ようや》く世界各地より共鳴と激励が数多く寄せられ、原水爆禁止運動は次第に力強い支持を得ており、ひいては、永く充分な医療も受け得ず相次いで斃《たお》れて行きつつあった被爆生存者に対する救援も漸次軌道に乗りつつあることは、われわれに新たな勇気を与えるものである。

しかしながら原子力の解放が一方に於《おい》て人類に無限に豊かな生活を約束する反面、その恐るべき破壊力は人類の存続を根本からおびやかしている。

人間が自滅の道を捨て、繁栄の道につくことを決断するには、なお、真に平和を認識し、これを追求する者の絶大な努力を要するであろう。われわれはこの重大な決意のなされる日まで、われわれの体験を教える所をくりかえし宣《の》べ伝え、自らも世界平和樹立の礎石となることを誓うものである。

＊

〈広島市コメント〉初めて「原水爆禁止」の文字が登場

〈中国新聞8月7日付朝刊一面の見出し〉※一面コラム「断層」で「平和記念式」に触れた

昭和30（1955）年　通算8回目

本日、広島市原爆被災10周年を迎えるにあたり、われわれは、おごそかに原爆死没者の諸霊を弔うとともに、あの悲惨な体験にもとづいて叫びつづけて来た世界平和への悲願と決意を重ねて世界に向って訴えるものである。

6千人の原爆障害者は、今なお、必要な医療も満足に受けることができず、生活苦と戦いつづけており、更に、9万8千人にのぼる被爆生存者は、絶えず原爆障害発病の不安にさらされている。人体を徐々に蝕《むしば》む原爆の放射能には人類の健全な社会を崩壊に導く危険性が存在していることを、われわれは、ここに特に指摘する。

原爆を体験したわれわれは、その体験の故に、誇大な杞憂《きゆう》におののいているのではない。われわれは、世界の人々がこの悲惨事を地球上の微小な一点に起ったこととして等閑に附しているかに見えるのを坐視《ざし》するにしのびない。真実の世界平和が恒久的に打ち立てられるのを見るまでは、われわれは、全世界の人々にこの真実を伝えることを大きな義務と考え、「広島の悲劇をふたたび繰返すな」と叫びつづけるものである。

＊

〈広島市コメント〉初めて被爆者の窮状に触れる

〈中国新聞8月7日付朝刊一面の見出し〉原・水爆禁止世界大会開幕す／世界に訴う〝平和の願〟／各国の、各界の人々が―◇〝戦争はいやだ〟／泣きながら訴う原爆娘

第8章
平和宣言

濱井信三市長〈第1期〉
（1954～1947年）

「平和宣言」を読む濱井氏（1953年8月6日＝広島市提供）

昭和29（1954）年　通算7回目

本日、われわれは、被爆9周年の悲しむべき日を迎えた。あの日投下された1個の爆弾は一瞬にして20余万の貴き人命を奪い去ったばかりでなく今なお、残存した市民の生命を脅かし続けている。

しかも、今や、原子爆弾につぐにさらに恐るべき水素爆弾の出現を見全人類の運命は愈々《いよいよ》滅亡の脅威に曝《さら》されるに至った。人類史上これにまさる危機があったであろうか。

われわれ広島市民は、自らの不幸と思いを合わせてこれを坐視《ざし》するに忍びず、ここに重ねて人類が再びその惨劇を繰り返すべからざることを警告し、一切の戦争排除と原子力の適当なる管理を全世界に訴えると共に、われわれもまた決意を新たにして平和確立のためにまい進せんことを謹しみて地下の諸霊に誓うものである。

＊

〈広島市コメント〉歴代最短（320字）

〈中国新聞8月7日付朝刊一面の見出し〉即時禁止は困難／アリソン大使回答 実施には予防に万全／水爆実験

昭和28(1953)年　通算6回目

あの戦慄《せんりつ》すべき日から、ここに8年の歳月が過ぎた。

原爆下の広島の惨状は、今もまざまざとわれわれの眼に浮かんで来る。それは、人間の想像をはるかに超えた痛ましき限りのものであった。しかも1個の原子爆弾がのこした罪悪の痕《あと》は、いまなお、消えるべくもなく続いている。それは今後の戦争の深刻さを警告し、人類が自らの滅亡を望まないならば、再び武器をもって争ってはならないことを訓《おし》えている。

原子力を開放し得たことは、明らかに科学の偉大なる進歩であった。この近代科学の成果が殺《さつ》戮《りく》と破壊のために使われるか、それとも全人類共同の福祉のために使われるかによって、人類の運命は、今や破滅か繁栄かの岐路に直面している。

本日、原爆8周年の記念日にあたり、われわれは、世界最初の原爆を身をもって知った広島市民として、全世界の人々に、重ねてこの事実を伝え、われわれもまた、決意を新たにして、平和確立のために精進することを謹しみて地下の貴き御霊《みたま》に誓うものである。

＊

〈広島市コメント〉なし

〈中国新聞8月7日付朝刊一面の見出し〉きのう第8回原爆記念／空からみた原爆記念式典全景〈本社専用機上にて〉（写真説明）

昭和27（1952）年　通算5回目

時は空しく過ぎるものではない。7年の間、私たちは心にうけた恐ろしい傷あとをじっとみつめてきた。思えば人間の犯しうる過失の余りにも深刻なのに戦りつせずにはいられない。けれども私達は人間の善意と寛容とを信じている。己の尊厳を汚すことなく、むしろそれを生かすことによって、かえって世界に通じる道のあることを信じたい。

ひとりの心の中に愛情の火を点じ、ふたりの心の中にそれを受けつぎ、やがてはそれがひとつの聖火へと燃えつづけるとき、きっと世界は良心の環《わ》によってひとつに結ばれるに違いない。

私達は素直に反省し、このことを個人としての、また市民としての責任において考え、かつ実践することを尊い精霊たちの前に誓うものである。

＊

〈広島市コメント〉なし
〈中国新聞8月7日付朝刊一面の見出し〉社説・「八月六日」と広島の課題

昭和26（１９５１）年　通算４回目（市長あいさつ）

平和実現への一里塚

6年前の本日、わが広島市は一瞬にして壊滅し20数万の市民がその尊い命を失いました。この言語に絶する戦災は戦争による人類の破滅を示唆し、恒久平和招来のためには、いかなる努力をも払わなければならないことを強く教えたのである。われわれはその深き意義に思いを致し、いよいよあらん限りの力を傾け、さらに子々孫々にもわたるねばり強い努力を継続することによって必ずこれを完遂しなければならないと固く覚悟するものである。

8月6日は実にこの恒久平和実現の大道に一里塚を打建てる日である。われわれ広島市民は、この日を迎えることに過去を顧み、将来をいましめて一歩一歩大理想の実現にまい進する決意を新たにすべきで、犠牲者の霊を慰めるとともに平和への深き祈りを捧《ささ》げて、30万市民うって一丸となり平和都市建設の礎とならんことを誓うものである。

〈広島市コメント〉この年は、平和宣言として発表されず、市長あいさつとして読み上げられた。

〈中国新聞8月7日付朝刊一面の見出し〉※一面コラム「断層」で「原爆遺跡」に触れた

＊

昭和25(1950)年

〈広島市コメント〉朝鮮戦争勃発のため、第4回平和祭が中止となり、平和宣言をしていない
〈中国新聞8月7日付朝刊一面の見出し〉関連記事なし

＊

昭和24(1949)年　通算3回目

4年前のきょうは、われらの父祖の都市が一瞬にして暗黒の巷《ちまた》と化し、10数万の市民がその尊い命を捨てた日である。しかしこの戦災は戦争による人類破滅の危険を示唆するとともに、戦争のために傾注せられた人間の努力と創意をもってすれば、世界平和の建設が決して不可能でない

ことを確信せしめた。この教訓にもとづき真剣に平和への道を追求することこそ世界人類に対する最大の貢献であり、地下に眠る市民の犠牲の意義あらしめる最善の道でなければならない。いまやわれら広島市民の過去の小さな努力は漸《ようや》く世界の人々の共感を呼び、８月６日を世界平和日に指定し広島を世界平和センターたらしめようとする運動が広く全世界に展開せられ、また永遠に戦争を防止する強力な世界組織樹立運動が漸次拡大されつつあることは実に欣快《きんかい》にたえない。

さきに日本国会を満場一致で通過した広島平和都市法も本日付けをもって公布実施せられる。われら広島市民はここに四たび平和式典を営み再び第二の広島が地上に現出しないよう誠心こめて祈念するとともに、世界各地の平和愛好者と相提携して原子力時代をして恒久平和と新たなる人間文化創造の輝かしい時代たらしめるべく献身せんことを誓うものである。

この地上より戦争と戦争の恐怖と罪悪とを一掃して真実の平和を確立しよう、永遠に戦争を放棄し世界平和の理念を地上に建設しよう。

戦災４周年を迎えわれらはかくの如《ごと》く宣言する。

＊

〈広島市コメント〉なし

〈中国新聞8月7日付朝刊一面の見出し〉世界に誓う平和への献身／きのう・巖かに式典擧行／〝追憶の空〟に白

昭和23（1948）年　通算2回目

3年前のこの日、この朝、我等《われら》の父祖の都市は一瞬にして暗黒の死都と化し10数万の市民は尊い生命を捨てた。その惨状は今尚《なお》我等の脳裡《のうり》を去らない。

然《しか》しながら、この戦禍は将来の戦争が如何《いか》なるものであるかを示唆し、戦争に因《よ》る人類絶滅の危険を警告すると同時に戦争の為に傾注せられた人類の努力と創意とを以てすれば、世界平和の建設が決して不可能でないことを確信せしめた。この教訓を生かすことこそ、地下に眠る犠牲者の犠牲を意義あらしめる唯一の道であり、世界人類に対する最大の貢献でなければならない。

我等広島市民はここに厳かに平和式典を営み、敢《あえ》てこの教訓を全世界に伝え、再び第二の広島が地上に現出しないよう誠心こめて祈念するものである。

惟《おも》うに歴史は終局に於《おい》て自由と人道との発展の過程であり、神意実現の過程に外ならない。我等は神意を信じ歴史を信じ「平和を愛する諸国民の公正と信義に信頼」し原子力時代をして恒久平和と新なる人類文化創造の輝かしい時代たらしめねばならない。

この地上より戦争と戦争の恐怖と罪悪とを一掃して真実の平和を確立しよう。
永遠に戦争を放棄して世界平和の理念を地上に建設しよう。
戦災3周年の歴史的記念日に当り、我等はかくの如《ごと》く誓い平和を中外に宣言する。

＊

〈広島市コメント〉なし
〈中国新聞8月7日付朝刊一面の見出し〉平和きっと廣島から／マ元帥〝再建魂〟賛う／決意を朗々平和宣言／平和祭

昭和22（1947）年　1回目

本日、歴史的な原子爆弾投下2周年の記念日を迎え、われら広島市民は、いまこの広場に於《お》いて厳粛に平和祭の式典をあげ、われら市民の熱烈なる平和愛好の信念をひれきし、もって平和確立への決意を新たにしようと思う。

昭和20年8月6日は広島市民にとりまことに忘れることのできない日であった。この朝投下された世界最初の原子爆弾によって、わが広島市は一瞬にして潰滅《かいめつ》に帰し、十数万の同胞はその尊き生命を失い、広島は暗黒の死の都と化した。しかしながらこれが戦争の継続を断念させ、不幸な戦を終結に導く原因となったことは不幸中の幸いであった。この意味に於《お》いて8月6日は世界平和を招来せしめる機縁を作ったものとして世界人類に記憶されなければならない。われらがこの日を記念して無限の苦悩を抱きつつ厳粛な平和祭を執行しようとするのはこのためである。けだし戦争の惨苦と罪悪とを最も深く体験し自覚する者のみが苦悩の極致として戦争を根本的に否定し、最も熱烈に平和を希求するものであるから。

又この恐るべき兵器は恒久平和の必然性と真実性を確認せしめる「思想革命」を招来せしめた。すなわちこれによって原子力をもって争う世界戦争は人類の破滅と文明の終末を意味するという真実を世界の人々に明白に認識せしめたからである。これこそ絶対平和の創造であり、新らしい人生と世界の誕生を物語るものでなくてはならない。われわれは、何か大事にあった場合深い反省と熟慮を加えることによって、ここから新らしい真理と道を発見し、新らしい生活を営むことを知っている。しかりとすれば今われわれが為《な》すべきことは全身全霊をあげて平和への道を邁進《まいしん》し、もって新らしい文明へのさきがけとなることでなければならない。

この地上より戦争の恐怖と罪悪とを抹殺して真実の平和を確立しよう。

永遠に戦争を放棄して世界平和の理想を地上に建設しよう。

ここに平和の塔の下、われらはかくの如《ごと》く平和を宣言する。

＊

〈広島市コメント〉 第1回平和祭で最初の平和宣言

〈中国新聞8月7日付朝刊一面の見出し〉 あの一瞬・平和への祈り深し／祭場、寂として聲なし／大平和祭・嚴かに擧行さる◇總ての苦惱こそ全民族への警告／マ元帥メッセージ◇しめやかに慰霊祭／終日讀經と香煙ゆらぐ

あとがきに代えて

原子力発電所の再稼働を推進する議員の動きに触れた後、元自民党幹事長は切り出した。「核兵器を保有したいと考える国会議員が自民党にはいる。一定数いると言っていいだろう」。2021年12月上旬、都内で開かれたエネルギー政策に関する勉強会の席だった。朝日新聞、日経新聞、共同通信各出身のジャーナリストらが元幹事長の主張に耳を傾けていた。

原発の使用済み核燃料を再処理してプルトニウムを取り出し、ウラン・プルトニウム混合酸化物（MOX）燃料を作り高速増殖炉で使う核燃料サイクルとその関連施設は、核兵器保有への意欲を持つ自民党議員の関心の的だと元幹事長は解説した。プルトニウムは核兵器の材料になる。そのプルトニウムを発電に使うと称して、日本が持ち続ける意味を考えるべきだと続けた。

元幹事長の話の真偽は分からない。

それでも、2021年12月30日付の朝日新聞は「首相となった岸田氏は広島選出議員として核軍縮を語る一方、『敵基地攻撃能力』の保有検討に言及。その延長線上に独自の核保有の可能性すら語る政府関係者もいる」と指摘した。政府関係者は一人なのか、それとも複数なのか。同紙の記事は、沖縄への核兵器持ち込みを米国に認める沖縄返還交渉時における日米の「密約」を特集していた。

「米国はいつになったら核兵器を全廃するのでしょうか」

前広島市長の秋葉忠利氏を取材した2021年12月4日、広島市のレストランで尋ねた。沈黙は1分ほど続いた。聞き手の取材者と話し手の被取材者が、同じタイミングで同じことを口にした。

「ふつうの米国人が、護身用に持ち続けている銃を手放すときです」

米国暮らしが長く、米国人の行動原理を熟知している秋葉氏は言った。「ならず者からわが身を守る、強盗から家族を守る。だから銃は手放さない。これは核保有の論理と同じです」。そして強調した。「銃で命を落とす米国市民の中に子どもが多数含まれることを忘れてはいけない。親が護身用に所持する銃に子どもが触れ、暴発し死亡するケースは後を絶たない」

核兵器搭載の爆撃機が墜落したり核兵器を落としたり、原子力潜水艦が沈没したり火災に見舞われたりする事故が続く。核をめぐる「決定的な暴発事故」が起きなかったのは偶然にすぎない。「核の廃絶と銃の廃絶はつながっているわけですね」と問うと、秋葉氏は「根っこは同じです。何の罪もない市民が犠牲になる『暴力』の芽を摘まなければならないという意味で、核武装の放棄と銃社会の絶縁を推し進められるよう、米国を支援するのは日本の役目だと思います」と応えた。

＊

日本は平和の問題を広島に押し付けてこなかったか。２０２１年は満州事変90周年と日米開戦80周年の節目の年だった。22年は沖縄返還50周年。柳条湖事件から真珠湾攻撃、沖縄戦を経て、広島・長崎の原爆投下へと続いた「戦争の世紀」は終わっていない。「平和宣言」はその証しに違いない。そして長崎と沖縄に問題解決を強要してこなかったと言えるだろうか。

本書については、「平和宣言」のない「８月６日」が来ることを願う一方、「平和宣言」の発表が続く限り、増補改訂版を刊行し続ける予定です。編集・制作に当たり、広島市の松井一實市長、秋葉忠利前市長、平岡敬元市長、広島大学平和センター長の川野徳幸教授に温かいご協力を頂きました。さらに広島市の平和推進課、広報課、公文書館、中央図書館ならびに中国新聞社（本社・広島市）にご支援を頂きました。心よりお礼申し上げます。

「核兵器禁止条約」発効から１年となる２０２２年１月22日

早稲田大学出版部 編集部

松井 一實（まつい・かずみ）

広島市長。1953年広島市生まれ。広島市内の小中高校を卒業。京都大学法学部卒業後、76年に労働省に入省。89年に在英国日本大使館一等書記官、93年労働省婦人労働課長、94年同省高齢者雇用対策課長、2003年厚生労働省勤労者生活部長、06年同省大臣官房総括審議官（国際担当）・ILO 理事（政府代表）を経て、08年中央労働委員会事務局長。11年 4 月の広島市長選に出馬し、初当選。同年 4 月から市長に就き、3 期目（21年 2 月現在)。座右の銘は「温故知新」。

秋葉　忠利（あきば・ただとし）

前広島市長。1942年東京生まれ。東大理学部数学科卒、同大学院修士課程修了。マサチューセッツ工科大学で博士号（Ph.D.）を取得後、タフツ大学准教授。世界のジャーナリストを広島・長崎に招待し、被爆の実相を伝えてもらう「アキバ・プロジェクト」の運営に携わり、広島修道大学教授に。90年から衆議院議員を 3 期 9 年務める。99年 2 月に広島市長に就き、3 期12年務めた。2010年、アジアのノーベル賞といわれる「マグサイサイ賞」を受賞。著書に『数学書として憲法を読む』（法政大学出版局）『報復ではなく和解を』（岩波書店）『ヒロシマ市長』（朝日新聞出版）など。

平岡　敬（ひらおか・たかし）

元広島市長。1927年大阪市生まれ。広島県出身。父親の事業のため朝鮮半島で育つ。旧制広島高等学校を経て早稲田大学第一文学部卒。52年、中国新聞に入社し、朝鮮人被爆者の取材に取り組む。75年同社編集局長、その後、中国放送に移り86年に同社社長。91年 2 月の市長選で初当選。99年 2 月まで市長を 2 期 8 年務める。著書に『時代と記憶：メディア・朝鮮・ヒロシマ』（影書房）『希望のヒロシマ：市長はうったえる』（岩波新書）『無援の海峡：ヒロシマの声、被爆朝鮮人の声』（影書房）『偏見と差別』（未来社）など。

川野　徳幸（かわの・のりゆき）

広島大学平和センター長兼教授。博士（医学）。1966年鹿児島県志布志市生まれ。92年、米国 Doane College 卒。広島大学大学院修士課程・博士課程修了。同大原爆放射線医科学研究所の勤務を経て2008年同大平和科学研究センター（現平和センター）准教授。13年同教授。専門は原爆・被ばく研究、平和学。被爆者、カザフスタン共和国セミパラチンスク地区の核実験被害者、チェルノブイリ原発事故被害者の心理的影響と社会的被害について調査研究を続ける。松井一實・広島市長が座長を務める「平和宣言に関する懇談会」のメンバー。

早稲田新書010

「平和宣言《へいわせんげん》」全文《ぜんぶん》を読《よ》む
―ヒロシマの祈《いの》り―

2022年２月25日　初版第１刷発行
2022年２月26日　初版第２刷発行
2022年４月27日　初版第３刷発行

編　者　早稲田大学出版部
発行者　須賀晃一
発行所　株式会社 早稲田大学出版部
〒169-0051　東京都新宿区西早稲田 1-9-12
電話 03-3203-1551
http://www.waseda-up.co.jp
企画・取材・構成・編集　谷俊宏（早稲田大学出版部）
装　丁　三浦正已（精文堂印刷株式会社）
印刷・製本　精文堂印刷株式会社

ISBN：978-4-657-22003-5

早稲田新書の刊行にあたって

いつの時代も、わたしたちの周りには問題があふれています。一人一人が抱える問題から、家族や地域、国家、人類、世界が直面する問題まで、解決が求められています。それらの問題を正しく捉え解決策を示すためには、知の力が必要です。整然と分類された情報である知識。日々の実践から養われた知恵。これらを統合する能力と働きが知です。

早稲田大学の田中愛治総長（第十七代）は答のない問題に挑戦する「たくましい知性」と、多様な人々を理解し尊敬して協働できる「しなやかな感性」が必要であると強調しています。知はわたしたちの問題解決によりどころを与え、新しい価値を生み出す源泉です。日々直面する問題に圧倒されるわたしたちの固定観念や因習を打ち砕く力です。「早稲田新書」はそうした統合の知、問題解決のために組み替えられた応用の知を培う礎になりたいと希望します。それぞれの時代が直面する問題に一緒に取り組むために、知を分かち合いたいと思います。

早稲田で学ぶ人。早稲田で学んだ人。早稲田で学びたい人。早稲田で学びたかった人。早稲田とは関わりのなかった人。これらすべての人に早稲田大学が開かれているように、「早稲田新書」も開かれています。十九世紀の終わりから二十世紀半ばまで、通信教育の『早稲田講義録』が勉学を志す人に早稲田の知を届け、彼ら彼女らを知の世界に誘いました。「早稲田新書」はその理想を受け継ぎ、知の泉を四荒八極まで届けたいと思います。

早稲田大学の創立者である大隈重信は、学問の独立と学問の活用を大学の本旨とすると宣言しています。知の独立と知の活用が求められるゆえんです。知識と知恵をつなぎ、知性と感性を統合する知の先には、希望あふれる時代が広がっているはずです。

読者の皆様と共に知を活用し、希望の時代を追い求めたいと願っています。

２０２０年12月

須賀晃一